Alexandra Rapsch

Soziologie der Freundschaft

Historische und gesellschaftliche Bedeutung
von Homer bis heute

Alexandra Rapsch

SOZIOLOGIE DER FREUNDSCHAFT

Historische und gesellschaftliche Bedeutung von Homer bis heute

ibidem-Verlag
Stuttgart

Bibliografische Information Der Deutschen Bibliothek

Die Deutsche Bibliothek verzeichnet diese Publikation in der Deutschen Nationalbibliografie; detaillierte bibliografische Daten sind im Internet über <http://dnb.ddb.de> abrufbar.

∞

Gedruckt auf alterungsbeständigem, säurefreien Papier
Printed on acid-free paper

ISBN: 3-89821-332-3

Printed in Germany

Meinen Eltern

Inhaltsverzeichnis

Danke!

Der vorliegende Text entstand als Magisterarbeit am Institut für Soziologie der Eberhard-Karls-Universität Tübingen.

Für die wissenschaftliche und menschliche Betreuung (und Beruhigung) danke ich meinen Prüfern Herrn PD Dr. Tilman Allert und Herrn Prof. Dr. Christoph Deutschmann.

Herrn Prof. Dr. Ronald Hitzler, Frau Dipl. Pol. Michaela Pfadenhauer und Herrn Prof. Dr. Karl Otto Hondrich danke ich für die bereitwillige und schnelle Kooperation und für das Interesse an meiner Arbeit.

Weiter gilt mein Dank allen, die in dieser Zeit meine Freunde und Freundinnen geworden und/oder geblieben sind. Zu erwähnen sind hier besonders Peter Neumann, meine "Leidensgenossin" Katja Jung und Susi Bork.

Last but not least danke ich meinen Eltern, Gertrud und Günter Rapsch, ohne die weder mein Studium, noch diese Arbeit möglich gewesen wäre.

1. Einleitung

"Friendship always benefits;
love sometimes injures." (Seneca)

Freundschaft ist demzufolge etwas Wertvolleres als Liebe - oder war es zumindest bei den Griechen. Die heutige Realität zeigt, dass der Freund oder die Freundin mit Beginn einer Liebesbeziehung vernachlässigt, vielleicht sogar aufgegeben wird. Die Liebe hat der Freundschaft den Rang abgelaufen. Und das, obwohl die Tatsache, dass sie schmerzvoller ist als Freundschaft, noch immer gelten dürfte. Zumindest ist die Liebe die "lautere" Beziehung unter den Beiden. Es gibt Unmengen an Liebesromanen, Schmachtfilmen und es kommen regelmäßig Neue hinzu. Erst langsam fängt Freundschaft an, sich zu emanzipieren und gleichzuziehen. Freundschaft wird vermarktet: in diversen Fernsehserien (girl friends, Freunde fürs Leben, Aus heiterem Himmel, von Jugendserien wie Gute Zeiten-Schlechte Zeiten, Unter Uns, Marienhof,... ganz abgesehen - aber auch die Liebe spielt hier immer eine Rolle), in verschiedenen Beiträgen in (Frauen-)zeitschriften (z. B. zu Frauenfreundschaft, Cliquen, Studentenverbindungen), bei Seminaren in Weiterbildungseinrichtungen (zum Freundschaftsbegriff allgemein, bei Aristoteles, zur Zeitprämisse in der Freundschaft, zur Theologie der Freundschaft unter besonderer Berücksichtigung der Lebensform für Frauen, ...), in der gewachsenen Anzahl der (Fach-)veröffentlichungen in den letzten zehn Jahren (ein Teil derer findet sich im Text und der Bibliographie wieder) oder im Werbefernsehen (Guten Freunden gibt man ein (Ferrero) Küsschen, die Holsten-Brauerei erhebt ihre Gläser "Auf die Freundschaft").
Das dieses Aufleben der Freundschaft kein Zufall ist, sondern durchaus mit den gesellschaftlichen Gegebenheiten in Zusammenhang zu bringen ist, wird in dieser Arbeit dargestellt. Ihr Schwerpunkt liegt auf der dyadischen gleichgeschlechtlichen (meist männlichen) Freundschaftsbeziehung. Am Rande, immer dann, wenn der jeweilige Autor sich dazu äußerte, werden auch Freundesgruppen, Differenzen zwischen Männer- und Frauenfreundschaften, gemischtgeschlechtliche Freundschaften und die Differenzen der Freundschaft zur Liebe angesprochen. Dargestellt werden sowohl einzelne Freundschaften, ihre Bedeu-

tung für den Einzelnen bzw. das Paar (Mikrosoziologie), als auch die Funktionen, die sie innerhalb der jeweils bestehenden Gesellschaft erfüllen, neben oder an Stelle anderer bestehender persönlicher Beziehungen (Makrosoziologie). Will man die Soziologie der Freundschaft einer bestimmten "Bindestrichsoziologie" zuordnen, so ist sie der Soziologie der persönlichen Beziehungen zuzurechnen.

Am Anfang der Arbeit (Kapitel 2) wird in das Thema anhand verschiedener vergleichender Lexikonartikel eingeführt. An diesen sollen vorab der Wandel und die Begriffsvielfalt, den Freundschaft erfahren hat, verfolgt und dargestellt werden. Im ersten Schritt werden allgemeinbildende Lexika seit 1850 bis heute verwendet, im weiteren dann einige aktuellere soziologische Fachlexika. Bei den allgemeinbildenden Lexika findet nochmals eine zeitliche Differenzierung statt.

Im dritten Kapitel wird die Geschichte der Freundschaft oder besser die Geschichte der verschiedenen Freundschaftsbegriffe im zeitlichen Ablauf dargestellt. Anfangend bei Homer, Platon, Aristoteles und Cicero wird über Augustinus und Thomas von Aquin zu Michel de Montaigne und schließlich zum Freundschaftskult gelangt; somit an diesen einzelnen Beispielen ein Überblick über die Anfänge der Überlieferungen aus der Antike bis etwa ins Jahr 1900 gegeben. Abschließend werden die verschiedenen Etappen der Geschichte des Freundschaftsbegriffs nochmals kurz zusammengefasst und die Zusammenhänge zwischen Freundschaft und Gesellschaft dargestellt.

Einige der soziologischen Sichtweisen zur Freundschaft ab dem Entstehen der Disziplin werden im vierten Kapitel dargestellt. So werden zuerst die Sichten von Helvetius, Tönnies, Simmel, Weber und von Wiese Thema sein. Folgen wird eine phänomenologische Annäherung nach Kracauer, der strukturelle Ansatz von Lazarsfeld/Merton, der funktionalistische Ansatz von Suttles und schließlich die funktionalistisch-systemtheoretische Sichtweise von Eisenstadt, ergänzend folgen Luhmann, Davis, Nötzoldt-Linden und Schöningh. Abschließend werden Ansätze aus Nachbardisziplinen (Philosophie und Sozialpsychologie) folgen.

Im fünften Kapitel wird ein Blick auf die aktuelle Situation der Freundschaft geworfen und die soziologische Definition fortgeführt. Anhand zweier aktueller

Theorien zum Diskurs über die Individualisierung wird der jeweils zugehörige Freundschaftsbegriff erarbeitet. Hierzu werden die Theorien von Hitzler und Hondrich dargestellt und daran anschließend der jeweilige geltende Freundschaftsbegriff herausgearbeitet. Dies zeigt klar und deutlich noch einmal den Bezug zwischen Freundschaft und der jeweiligen Gesellschaft(sidee).
Im sechsten Kapitel wird nach einer Zusammenfassung der vorigen Kapitel abschließend (im Rahmen des Ausblicks) auf Freundschaft in der Praxis eingegangen. Es zeigt sich der Pragmatismus in Freundschaftsbeziehungen, genauer in der differenzierten Freundschaft. Demgegenüber steht die These der Dialektik von Alltag und Krise in der Freundschaft.

Im Anschluss an diese Inhaltsübersicht folgt zunächst noch eine Einführung in die Frage, inwiefern Freundschaft Thema der Soziologie sein kann.

1.1. Freundschaft als soziologisches Thema

Stellt man sich die Frage, ob Freundschaft überhaupt ein soziologisches Thema ist oder sein kann, finden sich mehrere Antwortmöglichkeiten:
Die einfachste vorweg: ja, wenn sich Soziologen damit beschäftigen. (Mit dieser Antwort folge ich einer Definition von soziologischer Beratung auf dem Kongress für Soziologie in Freiburg.[1] M. E. ist es höchst bedenklich, nur aufgrund der Tatsache, dass sich jemand mit einer bestimmten Ausbildung einem Thema widmet, es gleich neu zu definieren!)
Grundsätzlich lässt sich die Frage auch mit der Soziologiedefinition Webers klären: "Soziologie [...] soll heißen: eine Wissenschaft, welche soziales Handeln deutend verstehen und dadurch in seinem Ablauf und seinen Wirkungen ursächlich erklären will. [...] "Soziales" Handeln aber soll ein solches Handeln heißen, welches seinem von dem oder den Handelnden gemeinten Sinn nach auf

---

1 29. Kongress der Deutschen Gesellschaft für Soziologie, dem 16. Österreichischen Kongress für Soziologie und dem 11. Kongress der Schweizerischen Gesellschaft für Soziologie vom 14.-18. 9.1998 in Freiburg im Breisgau. Annette Vogel stellte in der ad-hoc-Gruppe Soziologische Beratung die Ergebnisse ihrer Studie vor und definierte zunächst den Begriff selbst. In erwähnter Definition folgte sie einer Definition von psychologischer Beratung. (Psychologische Beratung ist Beratung, die von Psychologen gemacht wird. Demzufolge soziologische Beratung die, die von Soziologen gemacht wird.)

das Verhalten a n d e r e r bezogen wird und daran in seinem Ablauf orientiert ist."[2] Und das Freundschaft, im allgemeinen Sinn, auf andere bezogen ist, mag niemand bestreiten. Das schon ein anderer oder eine andere als Bezugsgröße ausreichen, lässt sich mit Simmels Definition der Klein- und Großgruppe argumentieren (zwei bzw. drei Beteiligte, mehr dazu in Kapitel 4.3.).
Die wirkliche Begründung, dass Freundschaft ein Thema der Soziologie ist, wird sich im Laufe der vorliegenden Arbeit herauskristallisieren: dass Freundschaft Gesellschaft unterstützt und mitkonstituiert, teilweise deren Aufgaben übernimmt, dass der Freund, als konkretes alter ego, dem Individuum hilft seine eigene Identität zu entdecken, zu sichern und zu leben. "Sage mir, wer Deine Freunde sind, und ich sage dir, wer du bist."[3]

[2] Weber, Max: Wirtschaft und Gesellschaft, Tübingen, 1972. S. 1, Hervorhebung im Original. Allgemein gilt: Zitate sind in der im Original verwendeten Rechtschreibung.

[3] Spruchweisheit zitiert nach Gehring, Axel: Freundschaft. Eine Studie zur Soziologie der persönlichen Beziehungen, in: Soziologenkorrespondenz, Jg. 2, Heft 1/2. S. 38

2. Freundschaft in den Wörterbüchern

In diesem Kapitel wird anhand von Lexikonartikeln der Wandel und die Begriffsvielfalt der Freundschaft dargelegt. Dazu werden allgemeinbindende Lexika (1850 bis heute) und aktuelle soziologische Fachlexika angeführt.[4]

2.1. Allgemeinbildende Lexika

In den allgemeinbildenden Lexika lassen sich drei Etappen der Definition erkennen. Um 1850 bis 1900 waren es ausschweifende und idealisierende Anleitungen zur Freundschaft (vgl. auch 3.8. Freundschaftskult). Extrem kurze oder gar keine Begriffsbestimmungen fanden sich dann um die Jahrhundertwende bis 1950. Daran anschließend wurden die Definitionen dann genauer und umfangreicher, blieben aber noch weit hinter dem zurück, was bis 1900 geschrieben wurde; vor allem waren die Artikel sachlicher und ohne Ideologien.

2.1.1. 1850 - 1900

"Freundschaft [...ist eine...] innige, durch Zuneigung und Wohlwollen verstärkte Gemeinschaft der Gemüther zwischen gleichgesinnten Personen. [...] Es gibt zwar auch eine F. der Gewohnheit und der Zuneigung unter Menschen, in welchen kein höheres Streben erwacht ist, und auch sie ist zu schätzen; höher aber steht der Bund der für eine gemeinschaftliche Idee begeisterten Seelen, in denen das sittliche Bewußtsein sich gegenseitig spiegelt. [...] sie ist ihrer Natur nach uneigennützig und steht im Dienste der Tugend und Begeisterung, nicht aber der Klugheit. Achtung und Hochschätzung ist die Grundbedingung der F. [...] Zur Achtung kommt die Liebe hinzu [...] die besondere Gleichstimmung der Seelen macht die F. aus. Diese Gleichstimmung bringt das Vertrauen mit, welches die Seele der F. ist. [...] Zweck der F. ist die Vereinigung der Kräfte zum gemeinschaftlichen Streben, gegenseitige Belehrung, Berathung, Ermunterung, Trost, Unterstützung. Das Verhältnis beider Freunde ist das der Gleichheit [...] Eigennutz ist das Gift der F. [...] Ebenso wenig ist gänzliche Gleichheit oder ent-

4 Eine Bemerkung zur Methode: es werden nicht die ganzen Artikel wiedergegeben, sondern nur die wichtigen und/oder veränderten Dinge.

schiedener Widerstreit der Temperamente der F. günstig [...] Nur da, wo sich Wärme und Sanftmuth, Kraft und Zartheit, Ernst und Heiterkeit in glücklicher Mischung begegnen, ist eine recht innige und dauerhafte F. zu erwarten. [...] Denn obschon sich auch Freunde gegenseitig Manches nachsehen u. verzeihen müssen, so dürfen sie sich doch nie durch Ungerechtigkeiten und Ausschweifungen verächtlich werden".[5]

"Freundschaft, das auf gegenseitiger Wertschätzung beruhende und von gegenseitigem Vertrauen getragene freigewählte gesellige Verhältnis zwischen Gleichstehenden. [...] Dadurch, daß die Vereinigung eine frei gewählte ist, unterscheidet sich die F. von der zunächst und vielfach ausschließlich durch äußere Umstände *bedingten Gemeinschaft des Lebens und der Interessen bei Verwandten, Berufsgenossen [...] Je nach dem, worauf die gegenseitige Wertschätzung begründet ist, kann die F. in verschiedenen Fällen einen sehr verschiedenen Charakter haben. [...] Die edelste Form der F., die eigentlich allein diesen Namen verdient, ist diejenige, bei welcher im Freunde die innerlich verwandte geistig-sittliche Persönlichkeit ohne jede weitere Nebenrücksicht geschätzt wird, der wir alle Regungen unsers Seelenlebens mit vollem Vertrauen offenbaren zu dürfen glauben, weil wir auf volles sympathisches Verständnis rechnen; das hilfreiche Zusammenstehen auch im äußern Leben ergibt sich aus dem Gefühl der innern Übereinstimmung und Zusammengehörigkeit als einfach selbstverständliche Folge. [...] Das Gegenteil der F. ist die Feindschaft."*[6]

Die ausschweifenden Beschreibungen stellen schon verschiedene Freundschaftsarten, die auch verschieden gewertet werden, dar. Sie bieten darüber hinaus beinahe schon eine Anleitung zur richtigen Freundschaft, eine genaue Bestimmung ihrer Bestandteile. Deutlich wird die freie Wählbarkeit des Freundes und die Trennung von Freundschaft und anderen Sozialbeziehungen (Familie, Berufsgenossenschaft).

---

5 Meyers Conversations-Lexicon, Hildburghausen, 1847.

6 Meyers Konversations-Lexikon, Leipzig, 1894.

2.1.2. 1900 - 1950

"Freundschaft, das gesellige Verhältnis zwischen zwei Personen, das in gegenseitiger Wertschätzung, Vertrauen, Wohlgefallen am Umgang und mitfühlendem Verständnis besteht."[7]

"Freundschaft, die auf Sympathie, Achtung und gegenseitigem Vertrauen beruhende Beziehung von Menschen gleichen Geschlechts zueinander."[8]

"Freundschaft, die Verbindung zweier oder mehrerer Personen gleichen oder verschiedenen Geschlechts, die auf wechselseitiger Achtung, Neigung und Hilfsbereitschaft beruht."[9]

Die äußerst kurzen Artikel widersprechen sich in der Frage, ob Freundschaft nur eine Paarbeziehung für Freunde gleichen Geschlechts ist, oder auch für Gruppen und Freunde verschiedenen Geschlechts zugänglich ist.

2.1.3. 1950 - heute

"Freundschaft, ein Verhältnis gegenseitiger Zuneigung, das auf Sympathie, Verständnis, Achtung, Hilfsbereitschaft, Gemeinsamkeit von Interessen und Lebensbedürfnissen beruht und im geistigen Bereich seine höchste Ausprägung findet. Manche behaupten, echte F. sei nur zwischen Männern möglich, andere empfinden die F. zwischen Mann und Frau als besonders wertvoll."[10]

"Freundschaft, enge geistige Verbdg. zw. zwei Menschen, basierend auf gegenseitiger Zuneigung u. unbedingtem Vertrauen [...] echte F. führt zu wechselseitiger Ergänzung und hilft dem einzelnen zur Selbstverwirklichung."[11]

"Freundschaft, ein Verhältnis aus gegenseitiger individueller Zuneigung bei rückhaltloser Vertrautheit mit den Lebensumständen des Freundes oder der Freundin. Oberflächlicheren Bindungen, die sich im geselligen Miteinander erschöpfen, versagt unsere Umgangssprache diese Bezeichnung [...außer...] in

7 Landlexikon, Stuttgart, 1911.
8 Meyers Lexikon, Leipzig, 1926.
9 Der große Brockhaus, Leipzig, 1930.
10 Der große Brockhaus, Wiesbaden, 1954.
11 Großes Dudenlexikon, Mannheim, 1965.

Wortzusammensetzungen [...] Obwohl die epische Dichtung der Menschheit reich an klass. Freundespaaren [...] ist, schließt die F. doch Dritte nicht notwendig aus (Freundeskreis). [...] Im Unterschied zur F. beruht die sittlich ähnlich hoch eingeschätzte Kameradschaft nicht auf individueller Zuneigung, sondern auf einer Gemeinsamkeit der äußeren Situation, und bewährt sich in dieser gegen den grundsätzlich austauschbaren Partner."[12]

"Freundschaft, soziale Beziehung zwischen zwei oder mehreren Personen, die auf gegenseitiger Anziehung (*Attraktion*) gründet, im Gegensatz zur Machtbeziehung freiwillig und wechselseitig aufgebaut ist und durch Vertrauen und Zuneigung verstärkt wird. Gegenseitige Attraktivität wird in der Sozialpsychologie aus ähnl. Merkmalen der Personen [...] oder aus ihren sich ergänzenden Eigenschaften [...] erklärt. Die F. kann auftreten als ritualisierte (wie die griech. Jünglings- und Männer-F.), als institutionalisierte und sozial geschützte F. (wie Blutsbrüderschaft), als Bund (wie der Göttinger Hainbund), in der Form der "Paargruppe", der am engsten individualisierten und personalisierten Ich-Du-Beziehung [...] oder als lockerer Typ wie Bekanntschaft (*acceptance*). Umfang und Formen der F. zeigen stark schichtspezif. Ausprägungen. Während z. B. in der Unterschicht die Familienangehörigen in ein dichtes Netz von F.sbeziehungen innerhalb von Gruppen Gleichaltriger (*peer groups*) einbezogen sind, kennzeichnen die Mittelschicht eher sach- und interessenbedingte Freundschaften. Die Funktion der F. in der Gesellschaft besteht in der Stabilisierung des Individuums und in der Ausbildung von "Verhaltenssicherheit" ".[13]

Mit sonst gleichem Text und nur geringer Abweichung dazu:
"In Zeiten sich auflösender Gesellschaftsstrukturen kann F. eine gesellschaftsstabilisierende Funktion haben."[14]

"Freundschaft, Form sozialer Beziehungen zw. zwei oder mehreren (bes. gleichgeschlechtl.) Partnern, die durch persönlichkeitsbezogene Vertrautheit, Hilfs- und Opferbereitschaft und freiwillige Verantwortung für den Anderen be-

---

12 Brockhaus Enzyklopädie, Wiesbaden, 1968.

13 Meyers Enzyklopädisches Lexikon, Mannheim, 1973. Hervorhebungen im Original

14 Meyers Großes Universallexikon, Mannheim, 1982.

stimmt ist, im Unterschied zu zweckbedingten partnerschaftl. Verbindungen. F. kann auch in ritualisierter oder institutionalisierter Form auftreten (Blutsbruderschaft, Bünde). Als sozialpsycholog. Voraussetzungen für F. gelten bes. räuml. Nähe der Beteiligten und Übereinstimmung in Persönlichkeitsmerkmalen, Interessen und Bildung. Soziologisch wird der F. bes. in Zeiten gesellschaftl. Desintegration eine gruppenstabilisierende Wirkung zugeschrieben. Unter ethischem Aspekt wird in der opferbereiten Bewährung des Einzelnen in der F. ein sittlicher Wert gesehen."[15]

In Brockhaus Enzyklopädie, Mannheim, 1988. - Schweizer Lexikon 91, Luzern, 1992. - Meyers Neues Lexikon, Mannheim, 1994. und Brockhaus Enzyklopädie, Mannheim, 1997. finden sich nur noch Variationen aus den dargestellten Artikeln in Der große Brockhaus, Wiesbaden, 1978. und Meyers Großes Universallexikon, Mannheim, 1982.

Freundschaft definiert sich immer wieder über die Gemeinsamkeiten, besonders im geistigen Bereich. Sie bildet einen Gegensatz zu Machtbeziehungen. Die Fragen der gemischtgeschlechtlichen Freundschaft und der personalen Ausweitung der Freundschaft (Paar oder Gruppe) bleiben weiterhin unklar. Neu hinzu kommen die sogenannten Bindestrichfreunde (beispielsweise Geschäfts- oder Sport-Freunde), die Abgrenzung der Freundschaft zur Kameradschaft und die Darstellung verschiedener Ausprägungen der Freundschaft. Herausgehoben werden das Zustandekommen (Attraktionstheorien) und die schichtspezifischen Details der Freundschaft. Psychologische, ethische und soziologische Dimensionen kommen zum Ausdruck. Besonders zu erwähnen ist hier die Funktion der Freundschaft in der Gesellschaft, die unter anderem als gesellschaftsstabilisierend bezeichnet wird.

2.2. Soziologische Lexika

"Freundschaft, soziologisch schillernder Begriff für eine besonders persönlich 'gefärbte' Form direkter sozialer Beziehungen, die - ohne spezifische Rollen-Verpflichtung - freiwillig und auf längere, nicht fixierte Dauer eingegangen wird.

---

15 Der große Brockhaus, Wiesbaden, 1978.

Der Freundschaft fehlt eine klare Zielbezogenheit gemeinsamen Handelns. Sie hat die Tendenz sich auf alle Angelegenheiten der Partner auszudehnen. [...] vielmehr stehen sich Freunde als Persönlichkeiten, als 'ganze Menschen' gegenüber."[16]

"Persönliche, freiwillige und dauerhafte Beziehung zwischen zwei oder mehreren Personen mit emotionaler, in der Regel aber ohne sexuelle Bindung und ohne soziale Kontrolle von außen. [...] Das Verständnis von Freundschaft unterliegt sozialem Wandel und interkulturellen Variationen."[17]

"In all contexts, friendship is not a kin term, but it does imply some type of reciprocity and obligation between otherwise unrelated individuals, although this varies according to situation and context. Friendships can range from the relatively casual, depending on shared activity or setting (such as a sports club), to deep and enduring relationships of mutual support."[18]

"Die Freundschaft ist daher gekennzeichnet durch die rein persönliche Ich-Du-Beziehung - [...] -, die bei gegenseitiger Sympathie, beim Gefühl persönlichen Gleichklangs mannigfachen Grundes aus dem Anlehnungs- und Ergänzungsbedürfnis entsteht. Sie ist nicht immer von Anfang an da, sie entwickelt sich häufig erst, hat also eine 'Geschichte'. [...] Inhalt, Ablauf, Stärke, Äußerungsform und Leistung einer Freundschaft sind zum großen Teil abhängig von der Individualität der beiden verbundenen Menschen [...] Sie beruht auf Freiwilligkeit [...und] hat die Tendenz, sich auf alle Angelegenheiten der beiden Partner auszudehnen."[19]

"Freundschaft ist eine langfristige, äußerst enge soziale Beziehung (ohne erotische Elemente) zwischen (meist nur) zwei Personen [...] Idealtypus einer F. ist die Beziehung zwischen zwei Personen desselben Geschlechts, mit gemeinsamen Interessen (z. B. in Beruf oder Freizeit), von denen jeder auch normale Beziehungen zu anderen Gruppen (Familie) und Personen (z. B. Ehepartner) un-

---

16 Hartfiel, Günter: Wörterbuch der Soziologie, Stuttgart, 1972.

17 Endruweit, Günter/Trommsdorff, G. (Hg.): Wörterbuch der Soziologie, Band 1, Stuttgart, 1989.

18 Marshall, Gordon (Hg.): The Concise Oxford dictionary of sociology, Oxford, 1994.

19 Bernsdorf, Wilhelm (Hg.): Wörterbuch der Soziologie, Stuttgart, 1969.

terhalten kann. [...] Der Begriff F. ist mit Werten wie Treue, Loyalität, Vertrauen ausgestattet. [...] Die F. als soziales Gebilde und Beziehungssystem enthält in reiner Form die Qualitäten der Gemeinschaft".[20]

Wie schon bei den allgemeinbildenden Lexika ist zu sehen, dass kein einheitliches Bild darüber herrscht, was Freundschaft ist. So ist es einmal eine freiwillige, zeitlich unbegrenzte, ziellose, private Angelegenheit des gesamten Menschen, ein anderes Mal gibt es eine auf bestimmte Aktivitäten und Teile des Menschen festgelegte und dadurch begrenzte Freundschaft.

Als kleinster gemeinsamer Nenner kann daraus geschlossen werden: Freundschaft ist freiwillig, Selbstzweck, individuell und unterliegt keiner sozialen Sanktion und Kontrolle.

---

20 Soziologisches Wörterbuch, Freiburg, 1969.

3. Der Freundschaftsbegriff - ein historischer Abriss

Im folgenden Kapitel wird die Geschichte der verschiedenen Freundschaftsbegriffe im historischen Ablauf dargestellt. Es wird mit Hilfe einzelner Beispiele einen Überblick ab der Antike bis etwa ins Jahr 1900 geben. Nach einer Zusammenfassung werden noch die Zusammenhänge zwischen Freundschaft und Gesellschaft dargelegt.

Bei der Darstellung der einzelnen Definitionen und Theorien handelt es sich teilweise um eine tatsächliche Beschreibung der damaligen Lebensumstände und Gegebenheiten, teilweise jedoch um Idealvorstellungen des jeweiligen Schreibers bzw. seiner Zeit. Aber selbst wenn es sich um Ideale handelt, so wohl immer noch um Dokumente, die zumindest den Zeitgeist und die Wünsche der Menschen zu früheren Zeiten einfangen; oder mit Tenbruck: "Der Forscher muß sich an die besten erreichbaren Unterlagen halten, und die entstammen im Bereich der Hochkulturen nun einmal wesentlich literarischen Quellen"[21] - und eine Verknappung nur auf heutige soziologische Unterlagen würde eine nicht hinnehmbare Einseitigkeit und Einschränkung bedeuten.

3.1. Homer

Freundschaft war zu Homers Zeiten (im 8. Jahrhundert v. Chr.) durch gegenseitigen Beistand und die Tat gekennzeichnet, stark angelehnt an das Verwandtschaftsverhältnis. Es gab auf der anderen Seite noch einen weiteren Freundschaftstypus, der weder durch Verwandtschaft, noch durch freie Zuwendung entstand, dieses waren dann militärische oder heroische Freundschaftsbündnisse. Sie waren stark institutionalisiert, verbanden die Freunde in den Pflichten des Alltags und beim Kampf. Zwei Freunde wurden durch ihre Freundschaft eins, verschmolzen absolut mit dem anderen, dieser war kein alter ego mehr. Freundschaft hieß füreinander einzustehen, sich für den anderen zu opfern, manchmal bis in den Tod; es war eine engere Verbindung als zur eigenen Fami-

21 Tenbruck, Friedrich: Freundschaft. Ein Beitrag zu einer Soziologie der persönlichen Beziehung, in: Kölner Zeitschrift für Soziologie und Sozialpsychologie, Nr. 16, Köln, 1964. S. 432

lie, allgemein höher eingestuft als alle anderen persönlichen Bindungen. Dies zeigt deutlich, dass Freundschaft damals eine gesellschaftskonstituierende Funktion hatte. Auch die Gastfreundschaft steht in diesem Zusammenhang: diese garantierte dem Fremden - sonst ganz selbstverständlich als Feind angesehenen -, nachdem er erklärt hatte "wer er ist" und woher er kam, Schutz, Unterstützung, Ausrüstung und Familienanschluss. Diese Gastfreundschaft übertrug sich automatisch auf die gesamte Familie des jeweiligen Freundespaares und konnte über Generationen hinweg andauern. In Freundesverbänden (Hetairia) schließlich verbanden sich Bundesgenossen zwar persönlich, doch fast ausschließlich aus politischen Gründen, sie bildeten das, was heute als "Vetternwirtschaft" bezeichnet wird.

Mit der Entstehung der Stadtkultur, weg von der Sippe, entwickeln sich immer mehr frei gewählte Freundschaften; diese stehen dann der Verwandtschaft als eigene Sozialform gegenüber bzw. neben ihr. Die bisher klaren sozialen Verpflichtungen zwischen den Verbündeten verschwimmen, Diskussionen über die rationale Instrumentalität und die Nützlichkeit der Freundschaft setzen ein. Eine psychologische Dimension der Freundschaft wird sichtbar und gewinnt an Bedeutung; mit diesem Wandel zur expressiven, geistigen und persönlichen Freundschaft werden auch Fragen nach der "echten Freundschaft" laut und welche Menschen denn überhaupt zur Freundschaft geeignet und fähig sind.

3.2. Platon

Bei Platon[22] (427-347 v. Chr.) finden sich in dem Gespräch zwischen Sokrates und seinem Schüler (Lysis) zwar keine direkten Antworten auf die Fragen, was nun Freundschaft eigentlich ist, wer Freund sein kann oder welche Gründe es gibt Freundschaften einzugehen, dennoch werden im Verlauf des Gesprächs einige Grundvoraussetzungen für Freundschaft angesprochen. Ausgehend von der Annahme, dass der "Ähnliche dem Ähnlichen notwendig immer Freund sei"[23], stellt Sokrates fest, dass dies nur für den Guten gilt: Der Böse ist sich

---

22 Platon: Sämtliche Werke 2, Hamburg, 1986. S. 183-202

23 ebd., S. 194

selbst nicht ähnlich und kann deshalb auch niemandem anderen ähnlich sein - das wäre sonst der zweite Schritt vor dem ersten -, auf Grund dessen kann er auch weder sich selbst noch jemandem anderen Freund sein. Der Gute andererseits braucht keine Freunde, da er sich selbst völlig genügt, nach niemandem anderen sehnt der ihm sehr wert ist und niemandes Hilfe bedarf. Freundschaft zeichnet sich, diesem Argument folgend, u. a. dadurch aus, dass jemand Hilfe bedarf, einem anderen anhänglich ist, nach dem er sich sehnt, wenn dieser abwesend ist und dieser ihm etwas wert ist.

Anschließend scheint Sokrates noch festzustellen, dass selbst die anderen Ähnlichen, die weder Guten noch Bösen, nicht miteinander befreundet sein können, da gerade unter den Ähnlichen am meisten Neid herrscht (dies bedeutet, dass Neid in einer Freundschaft ausgeschlossen ist). Dass Sokrates an dieser Stelle zu verallgemeinerte Schlüsse zieht, wird weiter unten noch zu zeigen sein.

Somit kann, dem Text folgend, nur der weder Gute noch Böse ein Freund eines Guten sein. (Zur Erinnerung: Böse sind allgemein nicht zur Freundschaft fähig, der Gute braucht keine Freunde und der weder Gute noch Böse kann nicht mit Ähnlichen befreundet sein.) Begründet wird eine solche Freundschaft durch etwas dem weder Guten noch Bösen anhaftendes Böses, der dadurch dann der Hilfe des Guten bedarf und dessen Freund wird.[24] Als Beispiel sei der Leib (der weder Gute noch Böse) genannt, der durch Krankheit (anhaftendes Böse) Hilfe bei der Arzneikunde sucht (der Gute). Diese Freundschaft wäre mit dem Wegfall des Bösen (Heilung) beendet.

Nach einigen Überlegungen gelangt Sokrates zum Gedanken des Begehrens. Jeder begehrt das was ihm fehlt, was ihm entzogen ist, ihm also ursprünglich angehörte. Daran anschließend stellt sich die Frage, ob das Angehörige überhaupt vom Ähnlichen zu unterscheiden sei, wenn dem nämlich so wäre, "dann wäre hiermit etwas gesagt über die Freundschaft, was sie ist. Wenn aber das Ähnliche und das Angehörige dasselbe ist, so ist es doch nicht so leicht, unseren vorigen Satz wegzuwerfen, dass nämlich das Ähnliche dem Ähnlichen, soweit seine Ähnlichkeit geht, unnütz ist. Zu dem Unnützen aber als Freund sich

24 Dies kann dann aber wohl auch nur eine einseitige Freundschaft sein, da der Gute selbst ja keiner Freundschaft bedarf.

zu bekennen, ist Frevel."[25] Ungeachtet der Klärung der Frage, ob nun Ähnlichkeit und Angehörigkeit dasselbe sind oder nicht, bringt Sokrates selbst einen weiteren wichtigen Gedanken ins Spiel: der Ähnliche ist dem Ähnlichen nur solange unnütz, solange es um die Ähnlichkeit selbst geht. Da es aber eben auch Differenzen gibt, im Rahmen derer jeder dem anderen nützen kann, wäre wieder eine Freundschaft möglich und die Gültigkeit des Satzes "der Ähnliche ist dem Ähnlichen notwendig immer Freund" wieder hergestellt (mit Ausnahme der Bösen und der Guten[26]).
Zusammenfassend lässt sich Freundschaft bei Platon folgendermaßen darstellen: Hilfsbedürftigkeit und Hilfestellung der Freunde (= gegenseitiger Nutzen); Anhänglichkeit, Sehnsucht, Begehren und Wertigkeit, sowie kein Neid als Gefühle dem anderen gegenüber; Ähnlichkeit (beispielsweise in Person und Erfahrung).[27]

3.3. Aristoteles

Platons Schüler Aristoteles (384-322 v. Chr.) behandelt die Freundschaft in zwei Büchern seiner Nikomachischen Ethik (sein Sohn hieß Nikomachos), einer Strebeethik, die zeigen sollte und Anleitung zu Übungen gab, wie man zu leben hat um wahrhaft glücklich zu sein und ein gutes Leben zu führen. Seine Ausführungen sind somit die zu einem Ideal. Die Freundschaft gehört für ihn in den Rahmen der Tugendlehre; einerseits sieht er sie als Begleiterscheinung der Tugend, andererseits bedeutet tugendhaft sein und Freund sein das Gleiche.[28] In seinen Augen und seiner Zeit wurde Freundschaft dann schon zu einer eigenständigen Sozialbeziehung, die mit anderen Bindungen nicht identisch ist, "sie ist in Hinsicht auf das Leben (in der Gemeinschaft) höchst notwendig"[29] und e-

---

25 ebd., S. 201

26 Hier als die Vollkommenen verstanden. Diese Vorstellung ist sehr unrealistisch.

27 vgl. Nötzoldt-Linden, Ursula: Freundschaft. Zur Thematisierung einer vernachlässigten soziologischen Kategorie, Opladen, 1994. S. 36: "innere Ähnlichkeit und Ergänzung der Personen"

28 vgl. dazu Fasching, Maria: Zum Begriff der Freundschaft bei Aristoteles und Kant, Würzburg, 1990. S. 82f

29 Aristoteles: Nikomachische Ethik, Stuttgart, 1986. S. 213

del. Gegenstand dieser "Liebe" kann für ihn nur das Liebens-werte sein, und als solches gilt für ihn, was wertvoll, lustvoll oder nützlich ist. Liebens-wert können jedoch nur lebendige "Gegenstände" sein, denn für etwas Lebloses kann man wohl eine Vorliebe haben, doch kann dieser leblose Gegenstand weder zurücklieben, noch kann man diesem etwas Gutes wollen (hier zeigt sich, dass Freundschaft ein spezifisch menschliches Phänomen ist). Die Differenz der Freundschaft zur Liebe zeigt sich unter anderem darin, dass Freundschaft reziprok, also wechselseitig sein muss; Liebe kann dagegen einseitig sein: es ist nicht zwanghaft, dass der Geliebte den Liebenden zurückliebt - wobei es idealiter so sein sollte und die Form es auch zulässt. Gegenseitiges und nach außen sichtbares Wohlwollen gegenüber einem Menschen versteht Aristoteles schließlich als Freundschaft.
Die oben angeführten Gründe für Liebens-wertig/würdigkeit führen für ihn zu drei Freundschaftsarten: Tugendfreundschaft, Sinnesfreundschaft und Nutzenfreundschaft. Wenn Nutzen das Motiv der Freundschaft ist, so liebt man den Menschen nicht aufgrund seines Wesens, sondern nur aufgrund des Nutzens oder des Vorteils den man sich aus der Verbindung erhofft; ebenso wo Lust das Motiv der Freundschaft ist, dort zählt nur der Lustgewinn. Diese Freundschaften gehen leicht auseinander, wenn der Nutzen getan ist, die Lust erfüllt ist und wenn sich die Freunde deshalb nicht gleich bleiben. Nutzenfreundschaften entstehen vor allem im Alter, zu ihnen gehört auch die Gastfreundschaft, wohingegen Freundschaften aus Lust meist in der Jugend geschlossen werden, mit viel und schnell wechselnder Leidenschaft. Diese beiden Arten der Freundschaft halten am längsten, wenn beide voneinander die gleichen Gegengaben erhalten, aus dem gleichen Bereich. Diese Freundschaftsarten können auch von Minderwertigen geschlossen werden, von einem Guten und einem Minderwertigen, oder Menschen, die weder das eine noch das andere sind, gleich welchen Charakters. Im Gegensatz zu Platon spricht Aristoteles diesen wenigstens eine "niedere" Form der Freundschaft zu[30], wobei er später anmerkt, dass diese Minderwertigen sich selbst nicht gleich sind und darum keine Beständigkeit kennen.

---

[30] vgl. Gigon, Olof: Grundprobleme der antiken Philosophie, München, 1959. S. 305 "während die Haltung des Aristoteles nuancierter ist"

Über diesen beiden Formen steht für Aristoteles die Tugendfreundschaft. Sie ist die vollkommene Freundschaft und ist nur zwischen "trefflichen Charakteren und an Trefflichkeit einander Gleichen"[31] möglich, was genauer bezeichnet Gleichheit in Grundsätzen und Empfindungen bedeutet. Nur der Treffliche ist mit sich selbst einig, liebt sich selbst - im positiven Sinne, denn er steht sich selbst am nächsten und muss sein ganzes Leben mit sich verbringen, nicht als "selbstverliebt" im schlechten Sinne[32] - und verhält sich zum Freund genauso wie zu sich selbst, der Schlechte hingegen sucht die Gemeinschaft nur, um sich selbst zu meiden. Beim Trefflichen wird der Freund das zweite Ich; der institutionalisierte Andere (alter ego). Weiter kann man gar das eigene Ich erst im anderen finden, indem man es im Freund und der Ähnlichkeit mit ihm entdeckt.[33] Durch den Kontakt mit dem Freund und der "Erziehung" durch diesen entwickelt sich das Selbst zusätzlich noch immer weiter.[34] Im Gegensatz zum Guten bei Platon braucht bei Aristoteles auch der Glückliche, der alles hat, einen Freund dem er Gutes tun kann und ihm das zweite Ich ist; er kann eigentlich gar nicht glücklich sein, solange er dieses größte, äußere Gut - den Freund - nicht hat. Und was wäre finanzieller Reichtum, wenn man damit nicht Gutes tun könnte und Freunde ihn bewahren helfen?

In der Tugendfreundschaft wünscht jeder dem anderen in gleicher Weise das Gute, weil das Wesen des Anderen geliebt wird, nicht nur ein partieller Nutzen. Dies heißt ganz allgemein, das jeder vom anderen die gleichen Dinge als Gegengabe erhält wie er gibt, in gleicher oder ähnlicher Form. Diese Freundschaft

---

31 Aristoteles, a. a. O., S. 217, vgl. Freundschaft bei Platon

32 mehr dazu ebd., S. 258ff, zusammengefasst bei Gigon, a. a. O., S. 311: dass jeder "im Bereich der Tugend und der seelischen Güter sich selbst am meisten lieben und fördern muß, nicht aber im Bereich der übrigen Güter." Fasching, a. a. O., S. 115, stellt fest, dass sich die " "Eigenliebe" des Tugendhaften als Freundesliebe verwirklicht".

33 vgl. bei Tenbruck, a. a. O., S. 440f. Ebenfalls bei Fasching, a. a. O., S. 115: "In der Liebe zum Freund liebt man, was an einem selbst gut ist" und Price, Anthony: Friendship, in: Höffe, Otfried (Hg.): Die Nikomachische Ethik, Berlin, 1995. S. 242 stellt fest, dass jeder sich selbst durch Betrachten des anderen erst kennenlernt: "that we have to observe others in order to understand ourselves, so that friendship is needed for selfknowledge".

34 Freundschaft ist somit gegenseitige Erziehung zur Tugend, vgl. Gutknecht, Thomas: Freundschaft und Zeit, Ms., Reutlingen, 1997. S. 11; und auch Fasching, a. a. O., S. 81 sieht diese "erzieherisch gedachten Freundschaft mit Gleichgesinnten" und S. 118: den "Aufforderungscharakter zum "Besserwerden", [...] für den Freund".

hält lange, da die Trefflichkeit, ihr Grundstein, ein dauernder Wert ist. Und manche Freundschaft hält sogar über den Tod hinaus. Eine Auflösung ist nur nötig (oder gar zulässig), wenn einer der Freunde sich nicht gleich geblieben ist, dieser minderwertig wird. Wenn dieser dann trotz Bemühungen nicht wieder auf den richtigen Weg gebracht werden kann, so soll (oder sogar muss) die Freundschaft aufgelöst werden, da ja nur der Wertvolle Liebens-wert ist. Wird im Gegensatz dazu der eine edler und der andere bleibt wie zuvor, etwa bei Jugendfreundschaften, so sollte man die Erinnerung an die Vertrautheit bewahren und dem einstigen Freund gelegentlich noch einen guten Dienst erweisen.

In der Tugendfreundschaft sind die Freunde einander aber auch von Nutzen und angenehm bzw. lustvoll: "jede Freundschaft hat ja einen Wert oder eine Lust zum Ziel - beides entweder an sich oder auf den bezogen, der die Freundschaft erlebt - und beruht auf einem gewissen Grad von Wesensgleichheit. Bei der vollkommenen Freundschaft aber sind die genannten Grundvoraussetzungen alle zusammen gegeben und zwar kraft des ureigenen Wesens der Freunde; denn bei dieser Freundschaft sind auch die anderen charakteristischen Gegebenheiten gleich, und das was wertvoll an sich ist, ist auch lustvoll an sich."[35]

Diese Art von Freundschaft ist natürlich selten, denn Menschen dieser Art gibt es nur wenige. Und selbst Aristoteles soll einmal mit einem Seufzer formuliert haben: ach Freunde - es gibt keine Freunde.

Zum Entstehen einer solchen Freundschaft bedarf es Zeit - Aristoteles selbst spricht vom gemeinsam gegessenen Scheffel Salz (einer ganzen Menge, also einer langen Zeit), den eine Freundschaft zum Entstehen braucht - und außerdem ein gegenseitiges Vertraut-werden[36], beinahe der Gewöhnung[37]. Eine Freundschaft muss wachsen und sich bewähren, der Wunsch nach Freundschaft entsteht wohl rasch, die Freundschaft aber nicht.[38] Und allein der Erweis von Freundesdiensten bringt noch keine Freundschaft. Ein französisches

---

35 Aristoteles, a. a. O., S. 218

36 schöner noch bei Price, a. a. O., S. 237: "Moreover, friendship is a special relation, requiring time and familiarity." familiarity als Vertrautheit, Bekanntschaft, Ungezwungenheit, Vertraulichkeit, familiären Ton

37 so bei Fasching, a. a. O., S. 112

38 vgl. Aristoteles, a. a. O., S. 219

Sprichwort zeigt sehr schön die Differenz zur Liebe: "Zeit verstärkt die Freundschaft und schwächt die Liebe."[39] Durch das langsame Wachsen wird eine Freundschaft standhaft gegen Verleumdungen von außen; man hat den Freund ja selbst jahrelang "erprobt". Die Freundschaft wird von einer inneren Grundhaltung getragen, entweder im direkten Zusammenleben der Freunde, oder aber auch, wenn die Freunde schlafen oder räumlich getrennt sind. Dies hebt die Freundschaft nicht auf, sondern nur ihre Verwirklichung. Lange Trennung kann die Freundschaft jedoch in Vergessenheit bringen, so hat schon oft fehlender Austausch des Wortes die Freundschaft vernichtet.[40] Dass ein Andauern der Freundschaft trotz Entfernung und Trennung möglich ist, zeigt wiederum ihre Differenzen zur Liebe: Liebe ist ein leidenschaftliches Gefühl, welches durch Trennungen vielleicht verloren geht, Freundschaft dagegen eine Grundhaltung des Charakters, diese bleibt über Trennungen hinweg erhalten. Ähnlich wie bei der Liebe ist diese intensive Form der Freundschaft (im Gegensatz zu Nutzen- und Sinnesfreundschaft) nur mit wenigen Menschen möglich, ja, sogar nur mit einem. Denn viele Freunde müssten um gemeinsam leben zu können wiederum untereinander befreundet sein, und um den Aufgaben als Freund gerecht zu werden, müsste man vielleicht sonst gleichzeitig mit dem einen trauern und sich mit einem anderen freuen. Da dies nur schwer möglich oder gar unmöglich ist, sind die meisten Freundschaften Paarbeziehungen.

Hier schließt sich die Frage an, ob der Freund eher im Glück oder Unglück nötig ist. Im Unglück hat sein Anblick etwas Lustvolles und sein Mitempfinden verringert das eigene Leiden, andererseits ist es ein drückendes Gefühl, den Freund niedergeschlagen zu sehen. Im Glück freut sich der Freund mit einem[41] und man verbringt gemeinsam eine "gehobene Zeit". "Und so scheint es geboten, die Freunde zur Teilnahme an unserem Glück mit froher Bereitschaft einzuladen [...], doch sie in unser Unglück mit hereinzuziehen, darin sollten wir zurückhaltend sein, [...]"[42] Andererseits soll der Freund von sich aus kommen um zu hel-

---

39 zitiert nach Gutknecht, a. a. O., S. 5

40 vgl. Aristoteles, a. a. O., S.221, Hexameter eines unbekannten Dichters

41 sich aus keinem anderen Grund zu freuen als weil der Freund sich freut gilt nach Adomeit, Klaus: Aristoteles über die Freundschaft, Heidelberg, 1992. als Freundschaftsmerkmal

42 Aristoteles, a. a. O., S. 268

fen, aber nur mit gebotener Zurückhaltung um mitzugenießen. Auf die Frage, wann man den wahren Freund erkenne, im Glück oder im Unglück, findet sich in der Eudemischen Ethik eine Antwort: solange man im Glück ist will jeder unser Freund sein; wahre Freundschaft erkennt man, wenn der andere das Leid mitempfindet.[43]

Eine andere Art der Freundschaft ist die, die auf Ungleichheit der Partner beruht: Mann und Frau, Vater und Sohn, der Ältere zum Jüngeren. Hier sollte der Grad der Zuneigung proportional zur Hilfe sein; der wertvollere Teil muss mehr Zuneigung empfangen, um wieder ein Gleichgewicht im Austausch herzustellen. Diese Freundschaften aus Gegensätzlichen, sich Ergänzenden, erstreben dann vielleicht das Mittlere, das Ausgeglichene.

Nach Aristoteles hält Freundschaft die Polisgemeinden zusammen, ja, er geht sogar so weit zu sagen, dass Paarbeziehungen die Gesellschaft konstituieren. Wenn die Bürger einander Freund sind ist kein Rechtsschutz notwendig, sind sie aber nur gerecht, brauchen sie außerdem noch die Freundschaft.[44] Nach einer ausführlichen Darstellung des Zusammenhangs von Freundschaft und Recht in den drei verschiedenen Polisverfassungen und ihren Abarten[45] kommt Aristoteles zu folgendem Schluss: "Freundschaft bedeutet also immer Gemeinschaft [...]; die Freundschaft von Blutsverwandten und die Kameradschaft darf man indes als Sonderformen betrachten, während die Beziehungen, die sich

---

43 nach Adomeit, a. a. O., S. 2, anders sieht dies Paul Heyse: "Freund in der Not will nicht viel heißen. Hilfreich möchte sich mancher erweisen. Aber die neidlos dein Glück dir gönnen, die darfst du wahrlich Freunde nennen." zitiert nach Gutknecht, a. a. O., S. 8 und Gigon, a. a. O., S. 311 meint: "Genau besehen in beiden Fällen gleich sehr."

44 vgl. Aristoteles, a. a. O., S. 214, weiter wird hier auch Aristoteles "Vision einer grenzüberschreitenden, weltumspannenden Freundschaft aller Menschen" deutlich, vgl. Bartels, Klaus: Von der Freundschaft mit den Nächsten, mit den Fernsten, Freiburg i. Br., 1989. S. 51 und Kuhn, Helmut: "Liebe" Geschichte eines Begriffs, München, 1975. stellt die Spannung zwischen Öffentlichkeit und Intimität im Freundschaftsbegriff des Aristoteles fest: "Eine so spannungsvolle Einheit ... im Begriff der Philia, wie ihn Aristoteles geprägt und der hellenistisch-römischen Nachwelt Übermacht hatte ... mußte zerreißen .... Das Öffentliche stieß in ihm mit dem Intimen zusammen. Auf der einen Seite sollte Philia das Band sein, dem jegliche Gemeinschaft ihre Kohäsion und Dauer verdankt - die Familie, die Dorfgemeinschaft, die Polis, das Volk und schließlich wohl auch das Imperium. Auf der anderen Seite definierte sie einen Freundschaftsbund von hoher Ausschließlichkeit und strengster Forderung, das Ideal einer gesellschaftlichen Elite und ein seltener, hochzupreisender Glücksfall."

45 Aristoteles, a. a. O., S. 230ff

aus dem Polisleben oder aus der Gemeinschaft der Phyle oder einer Reise ergeben, mehr die Merkmale der Freundschaft im Sinne einer (äußeren) Gemeinschaft haben; denn sie beruhen offenbar auf einer Art von Übereinkommen. Zu ihnen darf man wohl auch die Gastfreundschaft rechnen."[46] Diesem Gedanken folgend heißt das, dass Freundschaft mit Blutsverwandten und Kameradschaft für ihn Sonderformen der Freundschaft sind, wohingegen die anderen Formen nur äußere Form haben, d. h. nur in ihrer Struktur der Freundschaft ähnlich sind, nicht aber in der inneren Verbundenheit der Personen, im Gemeinschaftsgefühl.
Abschließend und zusammenfassend wird jetzt noch gezeigt, wie Aristoteles den Freund charakterisiert, was für ihn Zeichen von Freundschaft sind: "Denn als Freund gilt, (1) wer das Gute oder was als solches erscheint, um der Person des Freundes willen wünscht und tut, oder (2) wer das Dasein und Leben des Freundes um des Freundes willen wünscht [...]. (3) Andere erkennen als Freund den, der das Leben mit uns teilt und (4) sich für dieselben Dinge entscheidet wie wir, oder (5) den, der Leid und Freud mit dem Freunde teilt".[47]

3.4. Cicero

Cicero[48] (106-43 v. Chr.) behandelt die Freundschaft als Einzelthema zur Ethik gesondert. Er schreibt, wie schon Platon, einen fiktiven Dialog (Laelius spricht mit seinen Schwiegersöhnen). Er geht folgenden drei Fragen nach: Was ist Freundschaft, wie ist sie beschaffen und welche Vorschriften könnten zu ihrem Gedeihen gegeben werden?
Das ganze Wesen der Freundschaft liegt für ihn in vollkommener Übereinstimmung der Freunde in Entschlüssen, Neigungen und Meinungen; so ist Freundschaft Übereinstimmung in allen göttlichen und menschlichen Dingen, verbunden mit Wohlwollen und Liebe - diese erwacht, wenn man jemanden findet, der in Charakter und Wesensart übereinstimmt - , eine Freundschaft zwischen Menschen mit verschiedenen Charakteren ist unmöglich. Trotz des gemeinsamen Lebens behaupten die Freunde jeweils ihre eigene Persönlichkeit und wahren

---

46 ebd., S. 234
47 ebd., S. 250
48 Cicero: Laelius - Über die Freundschaft, Stuttgart, 1970.

ihre Interessen, Freundschaft ist kein Verschmelzen (wie es Liebe wäre). Freunde müssen tadellos in ihrer sittlichen Haltung sein, anders gesagt "Mannestugend" haben, beständig und beharrlich sein.

Auch für ihn ist wahre und vollkommene Freundschaft (es gibt auch bei ihm die Unterscheidung zur gemeinen, minderen Freundschaft, über diese führt er allerdings nichts weiter aus) nur zwischen Guten möglich, es gilt aber, im Gegensatz zum Guten bei Platon oder Aristoteles, der Gute des gewöhnlichen Lebens, d. h. nicht die Weisen nach den Ansprüchen der Philosophen, sondern die rechtschaffenen Männer, die so leben, "daß ihre Treue und Lauterkeit, ihr Rechtsgefühl und ihre edle Denkart erwiesen sind, bei denen sich keine Begehrlichkeit, kein Ungezügeltsein und keine Frechheiten finden lassen und die außerordentliche Festigkeit beweisen"[49]. Und genauso, wie schon Aristoteles, meint Cicero, dass Freundschaft nur zwischen zwei oder wenigen Personen bestehen kann, das Freunde allen menschlichen Gütern vorzuziehen sind und das Freunde Glück glänzender machen, Unglück durch teilen und mitteilen leichter. Für ihn übertrifft die Freundschaft das Verwandtschaftsverhältnis in der Festigkeit, da in der Verwandtschaft das Wohlwollen weggenommen werden kann und sie bleibt weiter bestehen, die Freundschaft bliebe es nicht. Zudem ist Freundschaft frei wählbar, also eine private Angelegenheit, die nicht gesellschaftlich bestimmt ist. Cicero sieht im Freund nicht nur das zweite Ich, sondern sogar das "bessere Bild" von einem selbst. Die Erinnerung an die Tugend des Freundes bleibt bis über dessen Tod hinaus erhalten.

Freundschaft entsteht aus Liebe und nicht aus Schwäche und Bedürftigkeit, so ist Wohltat und Gegendienst zwar ein Zug der Freundschaft und festigt diese auch, ist aber nicht ihr Grund. Daraus folgt, dass nicht der Schwache, der Hilfe bedarf, am ehesten zur Freundschaft geeignet ist, sondern der (geistig) Starke, der den anderen aufgrund seiner Person und seines Charakters liebt, der zwar ohne diesen Leben könnte, es aber nicht will. Wenn Freundschaft aus Nutzen geschlossen wurde endet sie wenn dieser erfüllt ist, wahre Freundschaft dauert an - wobei Cicero sehr wohl sieht, dass es schwer ist Freundschaft lebenslang zu halten, da sich Grundsätze wandeln können oder wenn der andere etwas

49 ebd., S. 10f

Unrechtes fordert. Wenn Freundschaft aufgelöst werden muss, soll dies nicht in Feindschaft enden[50], sondern mehr ein Trennen statt Reißen sein, ein Erlöschen statt Ersticken; sie soll so wie man sie anfangs aufgebaut hat letztlich wieder abgebaut werden.

In der Frage, wie weit die Liebe in der Freundschaft zu gehen hat, gilt, dass selbst im Rahmen der Freundschaft kein Unrecht geschehen darf; wir dürfen also "weder um schimpflich Dinge bitten noch sie vollbringen, wenn wir darum gebeten werden."[51] Ehrhaftes darf gefordert - jedoch nur soweit man auch selbst bereit ist es zu geben - und getan werden, ja man soll nicht einmal warten, bis man gebeten wird. Kritik und Zurechtweisung des Freundes ist erlaubt oder sogar verlangt, solange sie ohne Beschuldigung und Bitterkeit geschieht; Schmeichelei und Heuchelei haben keinen Platz in der Freundschaft. Dies zeigt, wie schon bei Aristoteles, den Erziehungsfaktor der Freundschaft.

Die Frage, ob man sich oder den Freund mehr lieben soll, geht Cicero sehr differenziert an: Es gibt drei Meinungen und er widerspricht allen: "Die eine möchte, daß wir gegen unseren Freund gesinnt seien wie gegen uns; die zweite, es müßte unser Wohlwollen gegen unsere Freunde ihrem Wohlwollen gegen uns gleich sein und genau entsprechen; die dritte, es solle jeder so hoch von seinen Freunden geschätzt werden, wie er sich selber schätze."[52] Erstens meint er dagegen, dass wir vieles für den Freund tun, was wir für uns nie täten, zweitens wäre ein Aufrechnen und nutzenorientiert und drittens glaubt der Freund weiter an uns und gibt uns neuen Mut, auch wenn wir mal nicht an uns glauben. Weiter ist die Ansicht, dass man so lieben müsse, wie man einmal hassen würde, für ihn eher dazu geeignet die Freundschaft zu vernichten als zu erhalten oder zu begründen, denn "Wie könne denn einer dem Freund sein, dessen Feind er auch sein zu können glaubt!"[53] Vielmehr muss man schon bei der Wahl des Freundes sorgfältig sein: er meint, dass man den Freund erst erproben und über ihn urteilen müsse, bevor man anfängt ihn zu lieben - dass dies für ihn möglich

---

50 sollte dies doch geschehen, bleibt der in der Schuld "der beleidigt, nicht der das Unrecht leidet", ebd., S. 34

51 ebd., S. 20

52 ebd., S. 26

53 ebd., S. 27

ist, zeigt, dass Freundschaft für ihn "bestimmt, klar und nüchtern, ohne Schwärmen und Gefühlsüberschwang"[54] ist. Einen Unterschied im Wert alter oder neuer Freunde macht er nicht; die alten Freundschaften sind gereift und haben ihren festen Platz, aber die neuen darf man nicht verschmähen, wenn sie "Früchte" versprechen.

Abschließend bleibt zu sagen, das der philia-Begriff des Aristoteles umfassender ist als der amicitia-Begriff des Cicero; Cicero bezieht etwa keine Staatsformen oder Gatten- und Kindesliebe mit ein - wobei auch er Freundschaft unter Personen verschiedenen Alters anerkennt -, sein Begriff ist schon wesentlich enger.

3.5. Augustinus

Augustinus (354-430) Freundschaftsideal entwickelt sich entlang seiner eigenen Persönlichkeitsfindung. In seinen Jugendfreundschaften findet sich eine antike Auffassung, später dann die des Neuplatonismus und schließt im Christentum und der caritas christiana.

In der antiken Auffassung ist ihm Freundschaft nichts anderes als die ihm erwiesene Liebe zu erwidern, dazu gehören Zusammenleben sowie Lust und Freude zu teilen. Freundschaft ist kein kaltes Tatsachenfeststellen, das Gefühlsmäßige herrscht vor. Im realen Leben des Augustinus nimmt das Streben nach Lust und Leiblichkeit überhand gegenüber dem geistigen Austausch; es sind unechte Freundschaften, alles ist auf das Irdische gerichtet. Er selbst sieht in seinen "Bekenntnissen" diese Zeit negativ. In der Neigungsfreundschaft zu einem Gleichaltrigen der seine Interessen teilt, sieht er Freundschaft als Verbindung unter Gleichen, "der Freund muß zum Freunde passen"[55]. In der geistigen Freundschaft zu Alypius zeigt sich später das Gegenteil: zwei ganz verschiedene Charaktere - aber immer "Gute" - verbinden sich um aneinander zu wachsen, daran zeigt sich wieder der pädagogische Wert der Freundschaft; die Weisheit ist ihr Ziel. Freundschaft wirkt schöpferisch, birgt Vertrauen, Achtung, Wohlwol-

---

54 ebd., Nachwort, S. 79

55 Nolte, Venantius: Cassiciacum, Band VI: Augustinus Freundschaftsideal in seinen Briefen, Würzburg, 1939. S. 24

len und seelische Verwandtschaft in sich.
In der Phase des Neuplatonismus bilden sich Gruppen von Seelengemeinschaften, die sich zum Erlernen der Weisheit in enge Gemeinschaften, in Schulen, zusammenschließen. Es soll volle Gemeinschaft - mit selbstloser Liebe und selbstlosem Willen zur Gemeinschaft - werden, man sagt sich von allem Materiellen los. Diese Idee scheitert jedoch an der Familiengemeinschaft einzelner.
Nach seiner Bekehrung zum Christentum zieht sich Augustinus mit einigen engen Freunden zurück. Es sieht so aus, als würde das Studium der Philosophie und der Schulbetrieb hier im kleineren Kreise weitergeführt, aber Augustinus trennt scharf zwischen "ihrer Schule" und "unserer Schule", das Ziel ist ein anderes geworden: nur Gott kann die Wahrheit zeigen, nur durch ihn und in ihm kann es Freundschaft geben, er ist ihr Ziel. Die Liebe wird zu etwas Ewigem in Gott und durch diese Ewigkeit zu etwas Gutem - sie sucht das Gute für die Seele, ist caritas. Auch Freundschaft hat nur Sinn und Bestand wenn sie auf das Ewige bezogen wird. Diese Freundschaft dauert über den Tod hinaus und verstärkt sich darin noch; der "Überlebende" freut sich, dass der Freund Gutes, d. h. Erlösung und zu Gott kommen, empfing und auf einen wartet.
Die caritas ist eine ordnende Liebe, "gleichsam eine Rückkehr von Gott zur Welt, d. h. alle Dinge bekommen ihren Platz dort wo Gott sie haben will."[56] Der Mensch wird verleugnet, wird zur Sache die eingeordnet wird, der andere wird zum Freund und Empfänger der Liebe, da er in gleicher Relation und Gesinnung zu Gott steht und nicht aufgrund seiner Persönlichkeit. Hier sind alle Freunde miteinander verbunden durch Gott, es wird Freundschaft mit vielen möglich - im Unterschied zur persönlichen Beziehung bei Aristoteles oder Cicero. In Augustinus christlichem Ideal ist Freundschaft rein intellektualistisch, das Herz darf nicht mitsprechen, anders als in den Jugendfreundschaften. Beide Seelen können ineinander fließen - "eine Seele in zwei Körpern"[57] - , das bindende Element Christus erhebt alles reinigend; der Freund ist Helfer der Katharsis. Für Augustinus ist die Freundschaft keine Tugend, sondern setzt diese voraus; Tugend, die Liebe zur Weisheit, schafft den Unterbau zur echten Freundschaft - bei Augusti-

---

[56] ebd., S. 42
[57] ebd., S. 61

nus nicht als Differenz zur gewöhnlichen Freundschaft, sondern zur Unterscheidung von echter und falscher Freundschaft. Auch diese echte Freundschaft gibt es nur unter Guten. In Differenz zu der dargestellten caritas gibt es noch eine Einzelfreundschaft, die aufgrund Neigung und seelischer Verwandtschaft zustande kommt, die mutua caritas. Diese Liebe - die Augustinus höher stellt "als die anderen Liebesbande, wie etwa zwischen Mutter und Kind"[58] - steht auf einer sehr hohen Stufe, ist innere Berührung die erwidert wird, das gleiche Schicksal wird geteilt. "Sittlich wertvolle Liebe ist jene, die nicht die Person liebend ins Auge faßt, weil sie diese oder jene Eigenschaft hat, sondern jene Liebe, die jene Eigenschaften und Tätigkeiten mit in ihren Gegenstand einbezieht, weil sie dieser individuellen Person zugehören."[59] Die Liebe tritt aus dem eigenen Interesse heraus und umfasst die geliebte Person an sich; wie schon bei Aristoteles und Cicero, nur dass die Freunde bei Augustinus zusätzlich in und durch Gott verbunden sind. Die Person des Freundes wird aufgrund der gemeinsamen Neigungen - diese ist Triebkraft zur Vollendung der Freundschaft und nur zwischen Individuen möglich - aus der Menge der in caritas verbundenen ausgewählt, sie wird zum alter ego. Hier kommt wieder der Gedanke des nicht-verschmelzens ins Spiel, wie schon bei Cicero: "Es kommt zur Durchdringung beider Persönlichkeiten, ohne daß freilich das "Fürsichsein" als geistige Person vermischt würde"[60] oder deutlicher "alle menschliche Nähe bedarf einer Grenze, eines Distanzhaltens"[61]. Bei Augustinus steht die Selbstliebe neben der Freundesliebe; "die wahre und echte Selbstliebe besteht in der Hinwendung des ganzen Seins auf Gott, in der Erfassung der darin ruhenden Werte um seine eigene Persönlichkeit zu vervollkommnen."[62] Die Freude über den Freund äußert sich im Lob, dies darf aber keiner Schmeichelei erwachsen, das wäre der Untergang der Freundschaft. Der Freund soll, wie schon bei Cicero, wenn nötig, getadelt werden und der Freund soll immer bereit sein sich korrigieren zu lassen. Dies zeigt, dass für das Heil der Seele des Freundes zu sorgen ist - aber

58 ebd., S. 82; er selbst führte aber mit seiner Mutter eine enge Freundschaft
59 Scheler, Max: Wesen und Formen der Sympathie, Bonn, 1931. S. 191
60 Nolte, a. a. O., S. 75
61 zitiert nach ebd., S. 20
62 ebd., S. 78

auch für sein körperliches Wohl hat der Freund zu Sorgen. Der freundschaftliche Verkehr und Briefe müssen für ihn hinter beruflichen Pflichten zurückstehen. Widersprüchlich ist Augustinus in der Frage der körperlichen Anwesenheit der Freunde: einerseits ist körperliche Anwesenheit nicht notwendig, da sich die Freunde ja in Gott nahe sind und es vor allem eine geistige, bleibende Freundschaft ist, andererseits stärkt und fördert Anwesenheit die Freundschaft und die Anwesenheit des Freundes gibt Trost; auch diesen Wunsch versucht Augustinus wieder auf eine höhere Stufe zu stellen: "nicht der Körper alleine wird ersehnt, sondern die Seele, deren Haus der Körper ist"[63]. Wichtiger als die körperliche Anwesenheit ist auf jeden Fall das Einssein im Geiste. Beendet werden muss eine Freundschaft, wenn der Freund die Liebe, die Treue und Gott verlässt - durch ihn ist man ja verbunden.

Zusammenfassend lässt sich sagen, dass Augustinus - wie zuvor schon Aristoteles mit privater Freundschaft und allgemeiner Freundschaft im Staat - in seinem Freundschaftsbegriff im Christentum zwei Freundschaftsarten klar gegenüberstellt: "die allgemeine Nächstenliebe, die sich sogar auf die Feinde erstrecken muß, und die spezielle Freundesliebe, deren Wesen in das "mutuum" [Gegenseitigkeit, Wechselseitigkeit] [...] gelegt ist."[64]

3.6. Thomas von Aquin

Für Thomas von Aquin (1225 bzw. 1226-1274) ist Freundschaft eine Art der Liebe, wie schon für Augustinus. Er teilt Liebe in die Liebe des Begehrens und in die Liebe der Freundschaft - Liebe des Begehrens ist die Liebe zu einem Gut, das jemand will; Liebe der Freundschaft dagegen die Liebe zu jemandem, dem man ein Gut will. Der Freund ist jemand, dem wir etwas Gutes wollen, bezogen auf die ganze Person, auch Wohlwollen: "Wohlwollen heißt, sich ehrlich, freudig und permanent für den Freund einzusetzen, um ihn vor leiblichem und seelischem Schaden zu bewahren, was ein Sich-Hineindenken voraussetzt"[65]. Bei Thomas tauchen zum ersten Mal Gedanken zur Eifersucht auf: will man den

63 ebd., S. 96
64 ebd., S. 69
65 Nötzoldt-Linden, a. a. O., S. 42

Freund für sich alleine "besitzen" so ist sie negativ, positive Eifersucht ist dagegen das Motiv alles Schlechte vom Freund fernzuhalten. Als Freund will man das Glück des anderen realisieren und erhält dafür das von diesem für einen selbst intendierte Glück zurück. Basis von Freundschaft ist hier wieder die Ähnlichkeit der Personen; "dieselbe Lebensanschauung, Erziehung, ähnlicher Beruf oder Verwandtschaft liefern die Grundlage für tiefere Beziehungen."[66] Auch bei Thomas ist für eine dauerhafte Beziehung Tugendhaftigkeit auf beiden Seiten notwendig, ansonsten ist nur eine Verbindung aus Nutzen oder Lust möglich. Im Unterschied zur Interpretation von Nötzoldt-Linden, die behauptet, dass es diese Verbindungen bei Thomas nicht mehr gibt wenn sie schreibt, dass "es sich nicht um eine an Nutzen oder Sinneslust entzündete Liebe handeln darf"[67], erscheint es konsistenter, wenn man daraus den Schluss zieht, dass die Differenz vielmehr darin besteht, dass Thomas in Verbindungen aus Nutzen oder Lust eine Art der Liebe des Begehrens, jedoch nicht der Liebe der Freundschaft sieht: "In der Freundschaft des Nützlichen und Freulichen will zwar einer irgend ein Gut dem Freunde: und insoweit wird dabei das Berede von Freundschaft gewahrt. Aber weil es jenes Gut darüber hinaus auf die eigene Freuung oder Nützlichkeit bezieht, so ergibt sich, daß die Freundschaft des Nützlichen und Freulichen, insoweit sie zur Liebe der Begierde gezogen wird, von dem Berede wahrer Freundschaft abfällt."[68]

Freundschaft ist eine einende Kraft, der andere wird "das andere Selbst", die Hälfte seiner Seele; dies bedeutet andererseits kein Verschmelzen, wie zuvor schon bei Cicero und Augustinus zu sehen war: "Nun verursacht aber die Liebe nicht eine Einung der Wesenheit: ansonsten würde es nie Liebe zu dem geben, was durch Wesenheit getrennt ist."[69] Bei Thomas wird das "Wir" der Freunde als Zusammenschluss von Individualität und Sozialität der Einzelpersonen gesehen.

Neben dieser Freundschaft nach der Aristotelischen Tradition gibt es auch bei Thomas die Freundschaft und Liebe zwischen allen Menschen durch und mit

66 ebd.

67 ebd.

68 Thomas von Aquin: Summe der Theologie, Band 2, Stuttgart, 1985. S. 183

69 ebd., S. 191

Gott, diese heißt bei ihm Teuerliebe; Gott ist die Urheit jeder ihrer Formen. Da diese Form schon bei Augustinus dargestellt wurde und sie - im Gegensatz zu den dyadischen und persönlichen Freundschaften - nicht direktes Thema dieser Arbeit ist, sollen die Ausführungen nur kurz dargelegt werden. Nach einer Darstellung zur Tugend[70] gelangt Thomas zum Ursprung und der Stärke der Teuerliebe[71]. Daran schließt sich die Nächstenliebe[72] an; hier findet sich zudem die Selbst- und die Feindesliebe[73]: der Feind wird nicht als Feind geliebt - als solcher muss er gar missachtet oder gehasst werden - sondern allgemein als Mensch an sich. Abschluss finden die Ausführungen in einer Rangordnung der Teuerliebe[74].

Das Thomas'sche Freundschaftsbild ist demzufolge eine Erweiterung der Augustinischen Gedanken (man denke etwa an die Eifersucht); offen bleibt bei ihm die Frage, zwischen wem es persönliche Freundschaft geben kann - nur zwischen Guten? - und ob der Freund, wie bei Augustinus, Christ sein muss oder auch persönliche Freundschaften zwischen Christ und Nichtchrist oder zwei Nichtchristen möglich sind.

3.7. Michel de Montaigne

Bei Michel de Montaigne (1533-1592) tritt das erste Mal die psychologische Sichtweise - mit innerer Reflexion der Individuen - ein; er präsentiert eine höchst individualistische, biographisch verankerte Vorstellung von Freundschaft, befreit von christlichen Zügen. Das Individuum mit seiner Entwicklungs- und Bildungsfähigkeit steht im Vordergrund, obwohl die Gesellschaft noch immer durch Standeszwänge definiert wird. Freundschaft teilt sich bei ihm in wahre Freundschaft und gewöhnliche Freundschaft; diese beiden sind für ihn nicht vergleich-

---

70 Thomas von Aquin: Summe der Theologie, Band 3, Stuttgart, 1985. S. 96-101

71 ebd., S. 102-110

72 ebd., S. 110-121

73 als Feind gilt nicht der, der zerstören will, sondern der, der nicht Freund ist; vgl. Clark, Gillian/Stephen R. L.: Friendship in the Christian Tradition, in: Porter, Roy/Tomaselli, Sylvana: The dialectics of friendship, London, 1989. S. 33 und auch Luhmann, Niklas: Die Gesellschaft der Gesellschaft, Band 1, Frankfurt/Main, 1997. S. 327: es bildet sich ein Code: Freund oder nicht, der Gegenbegriff des Feindes tritt zurück

74 Thomas, a. a. O., Band 3, S. 121-138

bar. Hier findet sich wieder die Aufteilung in hohe bzw. wahre und in niedere bzw. unechte Freundschaft, wie schon bei Aristoteles und Cicero.
Wahre Freundschaft ist selten und unüblich. Damit sie entsteht bedarf es vieler günstiger Umstände und einer Schicksalskraft. In ihr ist ungehinderter Gedankenaustausch - und auch ehrliche Zurechtweisung - möglich und nötig. Freundschaft wird durch freiwillige Wahl und Entscheidung bestimmt, dadurch wird sie wertvoller als nachbarliche oder verwandtschaftliche Beziehungen; sie bedarf einer geistigen Gleichgestimmtheit der Freunde. Bei Montaigne ist zum ersten Mal nicht von einer Freundschaft nur zwischen Guten die Rede, es bedarf für ihn vielmehr einer "Fähigkeit zur Freundschaft"[75], die er selbst seiner Aussage nach besitzt. Freundschaft ist eine anspruchsvolle und dauernde Beziehung, genau aus diesen Gründen ist sie in Montaignes Augen nicht für Frauen zugänglich. Er unterscheidet sie im Hinblick auf die Liebe, in der das Liebesfeuer lodert und sich wandelt: "In der Freundschaft dagegen herrscht eine allgemeine Wärme, die den ganzen Menschen erfüllt und die außerdem immer gleich wohlig bleibt; eine dauernde stille, ganz süße und ganz feine Wärme, die nicht sengt und nicht verletzt."[76] Er glaubt, dass Sehnsucht die Freundschaft wachsen lässt, so beispielsweise wenn der Freund nicht bei einem sein kann, die Verbindung wird in dieser Zeit von der starken seelischen Bindung getragen. Die wahre Freundschaft ist eine Herzensangelegenheit, eine Verschmelzungsfreundschaft - und alleine dadurch schon nur mit einer Person und als Paarbeziehung, nicht im Rudel, möglich. Die Freunde tauchen ineinander ein, ja, verlieren sich sogar ineinander. Sie haben keine Geheimnisse, nichts bleibt einem alleine. Wohltaten finden in ihr statt, werden aber nicht als solche deklariert, genauso wenig wie man sie sich selbst gegenüber benennen würde - und der Freund ist ja die andere Hälfte der eigenen Seele. Diese Form der Freundschaft ist frei von Alltagszwängen wenn nicht schon alltagsfern: "Vom Alltagshandeln spricht Montaigne nicht: Freundschaft dient vorwiegend dem Erspüren und Bewußt werden, dem gegenseitigen Verstehen und Thematisieren innerer Regungen, welche mit

75 Montaigne, Michel de: Die Essais, Stuttgart, 1984. S. 42
76 ebd., S. 102

durch die körperliche Verfassung diktiert werden."[77]

Über die Alltagsfreundschaft schreibt Montaigne nicht so ausführlich wie über die wahre Freundschaft. Sie ist für ihn "eine durch Zufall zustandegekommene nähere Bekanntschaft, an die man sich gewöhnt hat und durch die ein gewisser geistiger Austausch erleichtert wird"[78], auf keinen Fall Verschmelzung. Sie entsteht mit Vorsicht und Bedacht, vielleicht schon Argwohn; man muss immer zu einem gewissen Grade auf der Hut sein, aufpassen zu wem man offen spricht "in der heutigen Zeit". Auch in der Alltagsfreundschaft leisten die Freunde einander Wohltaten.

Für Montaigne ist "Freundschaft die eigentliche Erfüllung des Ideals der Gesellschaft"[79], alle anderen Bindungsgründe - Natur, soziale Stellung, Hausgemeinschaft oder sexuelle Anziehung - sind "weniger schön und uneigennützig"[80]. Er selbst ist seiner Zeit voraus und nimmt das Freundschaftsverständnis der Romantik des 18./19. Jahrhunderts vorweg.

3.8. Freundschaftskult

Um das 18. Jahrhundert, genauer zwischen 1750 und 1850, entsteht schließlich ein Freundschaftskult, der ein idealtypisches Gepräge hat, aber qualitativ neu ist, nicht vergleichbar mit bisherigen Freundschaftsformen. Der Mensch steht im Zuge der Humanität im Mittelpunkt, ein starker gesellschaftlicher Wandel ist beobachtbar. Für Salomon[81] vollzieht sich der Wandel in drei Stufen:

- Rokoko: die Aufklärung befindet sich noch in einer statischen Form, menschliche Beziehungen sind eingebettet in allgemeine Geselligkeit.
- Aufklärung: die leergewordenen Formen des Rokoko werden zerschlagen, ohne dass sich eigene Formen der Aufklärung bilden, die Gemeinschaft

77 Nötzoldt-Linden, a. a. O., S. 45, ebd.: "Montaigne hatte ein schweres Nierenleiden."

78 Montaigne, a. a. O., S. 103

79 ebd., S. 101

80 ebd.

81 Salomon, Albert: Der Freundschaftskult des 18. Jahrhunderts in Deutschland: Versuch zur Soziologie einer Lebensform, in: Zeitschrift für Soziologie, Jg. 8, Stuttgart, 1979. S. 279-308

Jugendlicher setzt den leergewordenen Formen ein neues Gefühl entgegen, Freundschaftsbünde entwickeln sich.

- Klassik, Humanitätsepoche: die Bildungskultur wird überwunden, in der Synthese der beiden Formen entsteht eine Form seelischer Gemeinschaft, Freundschaft gilt als Vollendung der Bildung für schöpferisch produktive Menschen; sie ist notwendige Form, um zu menschlicher Totalität zu gelangen.

Tenbruck beschreibt den Wandel genauer: Der Ursprung der neuen Freundschaftsform liegt im Abbau der gesellschaftlichen Ordnung und den Formen des Barock, das Individuum tritt aus dem sozialen Gefüge heraus, die Gesellschaft und ihre Gruppen bieten keine einfachen Identifizierungsmöglichkeiten mehr. Das Leben, Denken, Fühlen wird nicht mehr in gewohntem Maße von Vorgaben gesteuert, das Individuum sucht sich in dieser Offenheit der Situation neue Maßstäbe. Bedingt ist dies alles durch die Differenzierung der gesellschaftlichen Struktur: berufliche Differenzen, geographische und soziale Mobilität nehmen zu, der staatliche Einfluss in Recht und Verwaltung werden ausgebaut und die Verbreitung des Erziehungswesens sorgt für eine Verbreitung von Schulen und Allgemeinbildung. Dadurch können soziale Horizonte überschritten und Gruppengrenzen durchbrochen werden; es kommt zu Verbindungen jenseits der Nachbarschaft, des Berufs, des Standes oder der Gemeinde. Das Leben wird bunter und heterogener: die Menschen werden konfrontiert mit der "Mannigfaltigkeit von differenzierten Lebensformen und Daseinsmöglichkeiten" und entwachsen "so auch der sozialen Kontrolle ihrer althergebrachten und einheitlichen Gruppen."[82] Das Individuum befindet sich in einer Wahlmöglichkeit zwischen vielen verschiedenen Möglichkeiten sein Leben zu gestalten - im gewissen Rahmen der damaligen Zeit. Folge sind Unsicherheit und Desorganisation, die Individuen erfahren in diesem "auf-sich-selbst-zurück-geworfen-sein" auch Einsamkeit. Dieser versuchen sie durch Freundschaftsbindung zu entgehen; hier finden sie jemanden der sie ergänzt und bestätigt, ihre geistige und soziale Beziehung teilt und versteht, und sie in seinem Dasein stabilisiert - Daseinsformen werden im Durchschnitt ungefragter und selbstverständlicher, je mehr sie

82 Tenbruck, a. a. O., S. 438f

von anderen unserer sozialen Gruppe geteilt werden. Freundschaft kann gut als Folge der Individualisierung angesehen werden; sie "avanciert zur höchstbewerteten Sozialform und Tugend"[83].
Zur gleichen Zeit entstanden viele Bünde und Vereine, in denen das Individuum einen neuen Platz finden konnte. In den Vereinen schlossen sich Gleichgesinnte zusammen um u. a. einen gemeinsamen Zweck zu verfolgen. Dies ist wie schon oben gezeigt erst möglich und nötig, wenn die soziale Struktur die Individuen in wesentlichen Bereichen freigegeben hat. Die Gruppe diente u. a. dazu, die eigene Lebensform bzw. die der Gruppenmitglieder durchzusetzen und zu stärken gegenüber anderen Möglichkeiten. Dies zeigt, dass Vereinsbildung gleichzeitig immer die Folge eines starken gesellschaftlichen Wandels ist; deutlich beispielsweise daran, dass im 19. Jahrhundert immer neue Bevölkerungsschichten Vereine bildeten, je nachdem, wie sie in den Differenzierungsprozess hineingezogen wurden. Hieran zeigt sich, dass die Stabilisierungsfunktion nicht nur von der Paarfreundschaft übernommen werden kann, sondern auch von Gruppen. Ist die "Vereinzelung radikal und die Chancen zur Ausbildung umgreifender sozialer Identifikation gering"[84], so eignen sich Paarbeziehungen wie Freundschaft oder die sich parallel entwickelnde romantische Liebe. Freundesgruppen können Verhaltenssicherheit bieten, wenn "Gesellschaft über noch nicht aufgebrauchte nationale Traditionen verfügt" und sich dadurch "schmiegsamer anpaßt", sie dienen zudem der "Ausbildung neuer politischer, klassenmäßiger und ideologischer Identifikationsformen"[85]. Aufgrund der schwierigen und eigenartigen nationalen Entwicklung in Deutschland musste die Paarfreundschaft hier allerdings einige Funktionen mit übernehmen, die in anderen Ländern eben durch Vereine oder größere gesellschaftliche Gruppen übernommen wurden.[86]
Wie aber gestaltete sich dieser Freundschaftskult im Leben des Einzelnen, des Freundschaftspaares oder der Gruppe? Hierzu wird der Briefkult, in dem sich

83 Nötzoldt-Linden, a. a. O., S. 52
84 Tenbruck, a. a. O., S. 445
85 ebd.
86 vgl. den Working Men's Club oder andere Fellowships bei Barrow, Logie: The Environment of Fellowship around 1900, in: Porter, Roy/Tomaselli, Sylvana: The dialectics of friendship, London, 1989. S. 159-178

der Freundschaftskult dieser Zeit äußerte, genauer dargestellt, zuerst seine Voraussetzungen: durch das Spiel der Menschen zwischen Leben und Bildung, ohne je die Entscheidung für einen dieser Pole zu treffen, kommt es einer Distanz zum unmittelbaren Leben, es fehlt der "Ernst des Lebens". Dadurch flüchten die Menschen in den Brief, er wird ihre Realität, in ihm können sie das reale Leben "verhüllen", ihrer Phantasie freien Lauf lassen und eine eigene ideale Welt aufbauen. Bildung und Dichtung sind Inhalt und Sinn dieser Lebensform. "In der Welt des Rokoko wird jene humanistische Daseinsform noch einmal lebendig, ehe der Zusammenbruch der feudal-herrschaftlichen Welt die soziologischen Bedingungen diese Form für lange Zeit verschüttet."[87] Nun weiter zur eigentlichen Gestalt des Briefkults: im Brief wird die Seele zeitlos in der Zeit, es ist das objektiv werden einer subjektiven Form - der Versuch die Seele rein als Seele zu gestalten und sich ganz geben zu wollen, der aber nie realisierbar ist. "Der Brief ist die Brücke über den leeren Raum, er überwindet die Ferne und schafft eine nähe durch die Intensität der seelischen Dynamik"[88] und gilt neben Traum und Tränen als Ausdrucksmittel der Frauen, Dilettanten und Humanisten. Diesen bietet er die Erlösung vom Alltag, sie schreiben um des Schreibens willen. "Alle diejenigen verachten den Brief, deren Leben sich in der Hingabe an Werk und Tat verzehrt."[89]

Freundschaft wird in dieser Zeit als universale Geselligkeit angesehen, ihre Form ist die Öffentlichkeit, nicht der Verkehr von Mensch zu Mensch. Verbundenheit überhaupt gilt als Freundschaft; die Form der Verbindung selbst wird reflektiert, man beschäftigt sich nur mit dem Freund als Freund, nicht mit dem Freund als Individuum; der Einzelne "baut" sich eine Welt voller Freunde. "Es kommt also nicht auf das Du an, auf das besondere Sein des Freundes, sondern auf das Freund-sein" und weiter "Der Freund ist nur wertvoll, weil er Träger der Form ist, nicht als persönlicher Gehalt."[90] Es geht nicht direkt um den Freund an sich, sondern vielmehr um die Gefühle, sie zu haben und an jemanden zu richten. Freundschaft ist eine Gesinnung und soll von allem inhaltlichen

87 Salomon, a. a. O., S. 296
88 ebd., S. 298
89 ebd., S. 299
90 ebd., S. 299f

abgelöst zu genießen sein, so auch frei vom Freund erlebbar sein; der Freund wird zum ästhetischen Objekt. Dies entsteht vor allem aus der Idee, dass alles schon vorherbestimmt ist: "Der Ort der Freundschaft im System des Glücks ist festgelegt. Er ist vor dem Freunde da, und es kann darum nicht von Bedeutung sein, von wem dieser Platz ausgefüllt wird."[91] Der Freund ist dadurch jederzeit durch eine beliebige andere Person ersetzbar; wichtig ist nur, dass die Leerstelle im Leben des Einzelnen besetzt wird.

In der Romantik entwickelt sich dagegen wieder ein ganz anderes Freundschaftsbild: das der klassischen antiken Freundschaft, in der sich Edle zusammenschließen, "bei größter Wärme und Vertrautheit [aber bleibt] die Autonomie und Freiheit selbstverständliche Voraussetzung"[92]. Ziel wird wieder die Bildung und die Erweiterung der individuellen Form; Werte wie innere Geselligkeit, Gemeinsamkeit, Begegnung, sowie Verbundenheit und seelische Teilnahme am persönlichen Schicksal gelten wieder.

3.9. Zusammenfassung

Wenn man sich mit den Anfängen und der Geschichte des Freundschaftsbegriffs befasst, beobachtet man eine Begriffsverschiebung von der Antike bis heute: In der Antike, wie bei Homer zu sehen war, gab es noch kein Wort, das der Freundschaft in unserer heutigen Bedeutung entsprochen hätte. Der Freund war der nahestehende und liebe Mensch, egal ob verwandt oder nicht, ob persönliche oder familiäre Bindung. Die Öffentlichkeit wurde maßgeblich durch Freundschaften konstituiert. Idee der Freundschaft war gegenseitiger Beistand, materielle Hilfe, Schutz und Unterstützung. Entscheidend waren Taten, nicht Gefühle; so konnte man beispielsweise mit jemandem befreundet sein, den man nicht mochte, aber ehrte. Der Freund war noch kein alter ego, die Freunde erlebten sich als einheitliches Ganzes, als eine Person. Die Menschen befanden sich in einem festen Netzwerk an Sozialbeziehungen mit geringen Wahlmöglichkeiten.

Mit der Städtebildung vollzog sich eine aktive Veränderung des Wertesystems,

91 ebd., S. 300
92 ebd., S. 303

der Basiskonzepte und Handlungsmuster. Freundschaft erhielt eine sozial- integrative Funktion, miteinander fühlen wurde wichtiger - so schon bei Platon, genauer und ausgereifter bei Aristoteles (in seiner Tugendfreundschaft) und schließlich bei Cicero. Freunde teilten und hatten alles gemeinsam. "The person who has philoi [=Freundschaft im antiken Sinne] is always welcome to his friends, and they take pleasure in doing good to him, they miss him if he's absent, are delighted when he returns, rejoice in his success, and help him in his difficulties."[93] Wahre Freundschaft ist nur zwischen Guten und einander ähnlichen Menschen - in Grundsätzen und Empfindungen - möglich, sie ist "immer uneigennützig und kennt keine Abgrenzung zwischen den expressiven und instrumentalen Funktionen"[94], man verhält sich zum Freund ja wie zu sich selbst, liebt ihn aufgrund seiner Person und nicht nur wegen eines Teilaspektes. Der Freund ist alter ego, das zweite oder bessere Selbst. Diese Freundschaft, die nur zwischen Zweien möglich ist, braucht Zeit zu entstehen und um miteinander vertraut zu werden, dadurch ist sie aber auch dauerhaft. Das Ziel der Freundschaft ist das gemeinsame Streben der Freunde zur Vollkommenheit.

An dieser Stelle wird aufgezeigt, wie Freundschafts- und Gesellschaftsentwicklung korrelieren, um die These anschließend an der weiteren Entwicklung zu beweisen: "Das Beispiel der Antike führt uns also den vollendeten Entwicklungszyklus des Begriffs der Freundschaft vor Augen. Zunächst tritt sie als Synonym oder Teilaspekt der Verwandtschaft auf. Später verwandelt sie sich in ein selbständiges Institut; die Rolle des Freundes[95] gewinnt selbständige soziale Bedeutung. Weitere Differenzierung der sozialen Struktur führt zur Trennung der zwischenpersönlichen Beziehungen von den sozial-institutionalisierten. Das för-

---

93 Easterling, Pat: Friendship and the Greeks, in: Porter, Roy/Tomaselli, Sylvana: The dialectics of friendship, London, 1989. S. 11-25, hier S. 23

94 Kon, Igor S.: Freundschaft. Geschichte und Sozialpsychologie der Freundschaft als soziale Institution und individuelle Beziehung, Hamburg, 1979. S. 41

95 eine genauere Analyse der Freundesrolle ebd., S. 26: "Zunächst hat sich die strukturelle und funktionelle Herausbildung der Rolle des Freundes im Unterschied zu anderen Gesellschafts-, vor allem Verwandtschaftsbeziehungen, vollzogen, und die Gesellschaft war bemüht, diese neue Rolle möglichst exakt und eindeutig zu umreißen und zu reglementieren. Diese Reglementierung läßt jedoch mit der Zeit nach, und die zwischenmenschlichen Beziehungen nehmen einen individuelleren Charakter an."

dert die individuelle Selektivität der Freundschaft, macht jedoch gleichzeitig ihre sozialen Funktionen und die gegenseitigen Verpflichtungen der Freunde verschwommener und unproblematischer. Daher die erhöhte Psychologisierung und "Intimisierung" des Begriffs der Freundschaft und auch der Streit um das Verhältnis zwischen ihren instrumentalen und expressiven Funktionen. Aus einem Vertragsverhältnis und sozialen Bündnis verwandelt sich die Freundschaft in emotionale Bindung, so daß ihre Motive und das Verhältnis von Freundschaft und Liebe in den Vordergrund rücken."[96] Tenbruck sieht ebenfalls diese Ähnlichkeiten zwischen der griechischen/römischen individualisierten Freundschaft und der Freundschaft um 1800. Er sieht die Epochen als vergleichbar an, bemerkt allerdings die verschiedenen Arten der Differenzierung, "so gut wie ganz fehlten damals die wachsende berufliche Differenzierung, die Veränderung der technisch-wirtschaftlichen Grundlagen. Die entscheidenden Faktoren waren die Erweiterung der Staatsgebilde, die höhere ethnische Heterogenität, die höhere Mobilität, das Entstehen einer verbreiteten freien Bildungsschicht", wobei der Effekt der Heterogenität und Differenzierung der gleiche war, wenn auch bei begrenzterer und schwächerer Freistellung der Individuen von der Gesellschaft. "Das Bedürfnis nach Freundschaft darf eindeutig als ein Korrelat dieser sozialen Situation gesehen werden."[97]
Freundschaft übernahm also schon immer Aufgaben, die andere Institutionen nur schlecht, unzureichend oder gar nicht übernehmen konnten; sie ist als Ergänzung einer inkompletten sozialen Struktur zu sehen, die ohne sie gar nicht funktionieren könnte. Diese fortschreitenden Psychologisierung der Freundschaft kann somit als ein Zeichen von Schwäche und Misere der Gesellschaft angesehen werden.

Nun zur Verdeutlichung eine Zusammenfassung der erneuten Begriffsverschiebung ab dem Mittelalter, wo der Zyklus gleichsam von vorne beginnt: der Mensch ist wieder untrennbar mit der Gemeinde verbunden. Das ganze Leben "von der Wiege bis zur Bahre" ist vorherbestimmt und reglementiert, durch die Zugehörigkeit zu einem bestimmten Stand. Der Einzelne muss seinen Platz ge-

---

96 ebd., S. 43f
97 Tenbruck, a. a. O., S. 443

nau kennen und seine feststehende Rolle spielen - zu sehen in den Jugendfreundschaften des Augustinus. Durch die Christianisierung erhält der Begriff der Freundschaft einen neuen qualitativen Gehalt, er wird (neben einer geringen Möglichkeit zur persönlichen Freundschaft, deren Grundlagen die Neigungen und Persönlichkeiten der Freunde sind) zur allgemeinen Nächstenliebe im Dienste der Gottesliebe und Gläubigkeit, was genauer bedeutet, dass es nur durch und in Gott Freundschaft geben kann; diese dient dem Wachsen des Einzelnen im Glauben - ausführlich dargestellt bei Augustinus und Thomas. Das Leben spielte sich in der Öffentlichkeit und vor den Augen aller ab, beispielsweise in sozialen Gemeinschaften Gleichaltriger, durch sie wurde das Zusammenleben strukturiert. Der Spielraum für individuelle, intime Freundschaften war, wie oben schon angedeutet, mehr als eng.

Mit dem Entstehen der gesellschaftlichen Arbeitsteilung und der räumlichen Mobilität war der Einzelne nicht mehr an den Stand und seine dadurch resultierende soziale Rolle gebunden; dadurch wurden ihm aber Entscheidungen für Beruf, Weltanschauung oder Wahl der Ehefrau nicht mehr abgenommen; der Einzelne musste selbst entscheiden. Das Ich wurde nicht mehr aufgrund, sondern gerade trotz der bisherigen gesellschaftlichen Stellung im neuen Rahmen neu etabliert. Freundschaft wurde individualisiert, zum selbständigen, zwischenmenschlichen Verhältnis; sie wurde bestimmt durch freiwillige Wahl und private Ausgestaltung, "nicht die Zugehörigkeit zum gleichen Stand [...], sondern die Gemeinsamkeit der intellektuellen Interessen wird jetzt zur wichtigsten Voraussetzung der Freundschaft."[98] Freundschaft wird zum erlebbaren lebendigen Gefühl (so bei Montaigne, der seiner Zeit mit seinem idealistischen Freundschaftsbegriff weit voraus war; später im 18. Jahrhundert besonders im Briefkult und an der Jugend sichtbar), weg von der objektiven und wohlwollenden Vernunft der reifen Männer. Mit der Entwicklung und Empfindung der Einzigartigkeit des Einzelnen zeigen sich u. a. Gefühle der Einsamkeit - welche übrigens, vergleichend dazu, schon der klassische Grieche in der gleichen Phase der Freundschaftsentwicklung kannte[99] - , der Einzelne sehnt sich nach einem alter

[98] Kon, a. a. O., S. 51

[99] vgl. dazu ebd., S. 34

ego, nach Aussprache und Vereinigung der Seelen, wie zu sehen war am Briefkult.

Ergänzend bleibt noch hinzuzufügen, dass es in fast allen Freundschaftsideen zu einer "wertbehafteten Zweiteilung der Freundschaft in ein selten vorkommendes Ideal und eine häufig anzutreffende Realbeziehung"[100] kam. Aber in allen Fällen haben sich sowohl Ideal als auch die reale Freundschaft den jeweiligen Bedürfnissen der Menschen und der Gesellschaft angepasst.

Verkürzt lässt sich der Wandel der Freundschaft und ihres Begriffs in Zusammenhang mit dem Differenzierungs- und Freisetzungsprozess der Gesellschaft folgendermaßen darstellen[101]:

- Formenwandel: von der institutionalisierten, sozial vorgegebenen zur partial individualisierten, freiwilligen Freundschaft
- Inhaltswandel: von der instrumentellen, rational-praktischen Tatenfreundschaft zur expressiven, gefühlshaft-intellektuellen geistigen Freundschaft
- Funktionswandel: von der sozialen zur personalen Funktionalität

---

[100] Nötzoldt-Linden, a. a. O., S. 47

[101] vgl. ebd., S. 49

4 . Soziologische Konzepte der Freundschaft - ein Überblick

Im Anschluss an den geschichtlichen Überblick der Freundschaft und ihres Begriffs von der Antike bis 1900 und der Erkenntnis, dass die Freundschaftsformen stark mit den gesellschaftlichen Gegebenheiten zusammenhängen (vgl. 3.9. Zusammenfassung), werden nun - in zeitlicher Reihenfolge - einige der soziologischen Sichtweisen zur Freundschaft ab dem Entstehen der Disziplin dargestellt. Die Auswahl der dargestellten Ansätze erfolgte zuerst nach Nötzold-Linden, die weiteren in Ergänzung jeweils so, dass sich eine weitere Perspektive zeigte, mit dem Ziel, möglichst viele und differierende Blickwinkel auf Freundschaft zu haben.

4.1. Claude-Adrien Helvetius

Für Claude-Adrien Helvetius[102], gibt es keine Freundschaft ohne Bedürfnis. Bedürfnisse sind die Ursache der Wirkung Freundschaft. Aus den verschiedenen Bedürfnissen der Menschen leitet er die demnach verschiedenen Bedürfnisaspekte bzw. Beweggründe ab: nach Vergnügen, Geld, Ansehen, Gespräch oder dem Wunsch das eigene Leiden einem anderen anzuvertrauen. Dabei sind alle Motive zur Freundschaft zulässig und gleichwertig, denn "selbst Schurken sind zur Freundschaft fähig [...] Die Stärke einer Freundschaft läßt sich nicht an der Rechtschaffenheit zweier Freunde messen, sondern an der Stärke des Interesses, das sie miteinander verbindet."[103] Anders gesagt heißt das, dass je stärker und lebhafter das Interesse oder besser gesagt Bedürfnis der Freunde ist, desto stärker ist ihre Freundschaft. Helvetius setzt dies in Relation zu gesellschaftlichen Rahmenbedingungen: "Wenn aber die Stärke der Freundschaft immer unseren Bedürfnissen entspricht, dann gibt es Regierungsformen, Sitten, Verhältnisse und schließlich Jahrhunderte, die der Freundschaft günstiger sind als an-

102 26.1.1715-26.12.1771, Philosoph und Vertreter der Aufklärung; Anhänger der praktischen Philosophie, deren eine Prämisse ist, dass der Mensch vorrangig nach Glück, sinnlicher Lust und Eigennutz strebt

103 Helvetius, Claude-Adrien: Vom Geist, Berlin, 1973. S. 394

dere."[104] Im Zusammenhang damit steht, dass dieselben Tugenden in verschiedenen Zeiten verschieden bewertet werden, je nachdem, welchen Sinn und Zweck sie in der Zeit erfüllen. Aussagen darüber, ob es bei beiden Freunden das gleiche Bedürfnis sein kann oder muss macht Helvetius so ausdrücklich nicht (mehr dazu weiter unten), die Bindung an sich beruht aber auf Gegenseitigkeit, folglich mit gegenseitigen Bedürfnissen. Gerade diese Bedürfnisse können sich im Laufe der Zeit verändern und mit ihnen verändert sich das Verhältnis, die Freundschaft; für ihn ist nichts seltener als alte Freundschaften. Obwohl die Freundschaft zerfallen kann, sie hat einen Ursprung, ein Wachstum und den Verfall; deshalb kann man auch nicht direkt von Freundschaft in stärksten Hass übergehen. Als Fehlformen der Freundschaft sieht Helvetius es an, wenn man sich unbedacht auf sie einlässt, zu sehr fühlt oder das Fühlen übertrieben darstellt und wenn Gefühle vorgetäuscht werden - das Fühlen hat für ihn, wie zu sehen ist, einen sehr starken Wert, vergleichbar noch mit dem Ausdruck starker Gefühle in der Zeit des Briefkults, er betrachtet diesen Ausdruck der Gefühle jedoch realistisch und objektiv. Ein Bedürfnis für Freundschaft eher schwacher und ängstlicher Charaktere sieht Helvetius in dem Wunsch nach Hilfe und Rat, düstere und strenge Charaktere dagegen sind leidenschaftliche Freunde derer, die sich tyrannisieren lassen - hieran zeigt sich, dass die Bedürfnisse nicht gleich sein müssen, sondern sich beispielsweise ergänzen können, der eine will z. B. führen und der andere geführt werden - und eine weitere Möglichkeit der Freundschaft ist für ihn das Gespräch mit gebildeten Männern, an dem besonders Charaktere mit wenig Leidenschaft[105] gefallen finden, dies können dann sehr mutige und aufgeklärte Freundschaften sein. Unfähigkeit zur Freundschaft schreibt er jenen zu, die gleichgültig sind oder sich selbst genügen, sowie enttäuschten Menschen oder allgemein denen, die unabhängig von anderen Menschen sind. Zum Ende hin wird auch Helvetius idealistisch (man denke dabei an den Briefkult) und versucht zu beantworten, wonach sich Menschen in einer Freundschaft sehnen: "Was ist denn ein Freund? Ein Wahlverwandter. Wir wünschen uns einen Freund, um sozusagen in ihm zu leben, um unsere Seele mit

---

104 ebd., S. 317

105 mehr zur Macht der Leidenschaften ebd., S. 284ff

der seinigen zu vereinen und um ein Gespräch zu genießen, das die Vertraulichkeit immer köstlicher macht. [...] Aber womit [...] hängt der Zauber des Gesprächs mit dem Freund zusammen? Mit dem Vergnügen, von sich selbst zu sprechen."[106]

4.2. Ferdinand Tönnies

Ferdinand Tönnies[107] behandelt die Freundschaft im Rahmen seiner Theorie zur Gemeinschaft (im Gegensatz zu Gesellschaft), das heißt sie ist eine gefühlsmäßige, innige Beziehung und resultiert aus dem Wesenswillen (der stark emotional ist und nicht dem rationalen Zweck-Mittel-Denken unterliegt) der Beteiligten.[108] In diesem Sinne besteht Freundschaft für ihn neben Verwandtschaft und Nachbarschaft, wobei die früheren Arten (Verwandtschaft und Nachbarschaft) die neuere (Freundschaft) involvierten. Freundschaft selbst wird von den anderen beiden Formen "unabhängig als Bedingung und Wirkung einmütiger Arbeit und Denkungsart; daher durch Gleichheit und Ähnlichkeit des Berufes oder der Kunst am ehesten gegeben."[109] Sie muss durch leichte und häufige Vereinigung geknüpft und erhalten werden, eine gemeinsame "Idee" - eben durch den gemeinsamen Beruf oder ähnliches - ist eine ihrer Grundlagen und erhält sie. Freundschaft zu schließen und zu erhalten ist für Männer, insbesondere junge Männer, einfacher als für Frauen, da die Freundschaft aus der Kampfgemeinschaft entstanden ist und gemeinsames kämpfen in diesem Sinne für Frauen unwahrscheinlich ist.[110] Geistige Freundschaft ist für Tönnies eine unsichtbare Ortschaft. Im Vergleich zu Verwandtschaft und Nachbarschaft hat Freundschaft den geringsten notwendigen Charakter, sie ist mentaler Natur und beruht scheinbar auf Zufall oder freier Wahl. Im Gegensatz und als Gegengewicht zur Freundschaft muss jeder eine hohe individuelle Freiheit behalten, da Menschen der Erfahrung nach nur eine begrenzte Nähe (Häufigkeit des Treffens und leibli-

---

106 ebd., S. 320

107 26.7.1855-11.4.1936, Philosoph und Soziologe, Mitbegründer der Soziologie als Einzelwissenschaft in Deutschland

108 vgl. hierzu Hartfiel, a. a. O.

109 Tönnies, Ferdinand: Gemeinschaft und Gesellschaft, Berlin, 1922. S. 15

110 vgl. Tönnies, Ferdinand: Einführung in die Soziologie, Stuttgart, 1965. S. 49f

che Nähe) ertragen. Verständnis hält die Freunde zusammen; es entsteht aus der intimen Kenntnis voneinander und ist um so größer, je größer die Ähnlichkeiten in Konstitution, Erfahrung, Naturell, Charakter oder Denkungsart der Freunde sind.
In seiner Zeit sieht Tönnies Freundschaft hauptsächlich als soziales Verhältnis der Schicksalsgenossen, die Gründe ihres Zusammenschlusses sind gesellschaftliche, beispielsweise um sich gegen andere abgrenzen und durchsetzen zu können - vgl. die Vereinsbildung im 19. Jahrhundert.

4.3. Georg Simmel

Georg Simmel[111] hat den Begriff der differenzierten Freundschaft geprägt. Bevor darauf eingegangen und dieser Begriff näher erläutert wird, werden kurz Simmels Ideen zu den Struktureigenschaften der Dyade und Triade dargestellt; dies auch als Begründung, warum Freundschaft eine Paarbeziehung ist: Die Paarbeziehung gilt Dritten gegenüber als Einheit, sie hängt an der Individualität des einzelnen Gliedes und zerbricht, wenn einer sie verlässt oder gar stirbt; der Einzelne ist nicht ersetzbar, Anwesenheit und Aktivität jedes einzelnen Partners sind Kontinuitätsbedingungen. Basis der Intimität ist das jeweils individuelle der Beziehung, welches eben nur in dieser Beziehung ist und nicht mit anderen Beziehungen geteilt wird (wobei die Beziehung zusätzlich noch Teile enthält, die sie mit einigen oder allen anderen Beziehungen teilt). Nur in der Dyade können alle Informationen die eine Person betreffen ausgetauscht werden, in die Beziehung übersetzt werden und zu einer Totalität des Lebensentwurfs eines oder beider Partner werden. Durch einen teilnehmenden Dritten würde die Paarbeziehung unter Umständen großen Gefahren ausgesetzt; zwar kann der Dritte zwischen zwei sich streitenden Freunden vermitteln und schlichten, viel eher führt eine "Dreiecksbeziehung" jedoch zu Eifersucht und Zerstörung: etwa dann, wenn der Dritte den Streit nicht schlichtet, sondern ausnutzt um dazwischenzudrängen und sein eigenes Ziel zu verfolgen (z. B. höherer Gewinn oder engere Beziehung zu einem der Streitenden), oder gar wenn der Dritte den Streit selber

[111] 1.3.1858-26.9.1918, Philosoph und Soziologe, Begründer der Formalsoziologie

stiftet um sein Ziel zu erreichen.

Das Thema Freundschaft behandelt Simmel in Zusammenhang mit Diskretion und Geheimnis. Diskretion bedeutet nicht nur Respekt vor den Geheimnissen des anderen, sondern des weiteren die Enthaltung der Kenntnis dessen, was der andere nicht positiv offenbaren will. Bekanntschaften, und zwar solche, die wirklich nur die Kenntnis von der Existenz des anderen bezeichnen, nicht ein weiteres Kennen der Person bzw. Persönlichkeit des anderen an sich, sind der eigentliche Sitz der Diskretion. Allerdings bedarf es auch in den differenzierten Freundschaften der Diskretion, da sonst die Grenze der Freundschaft schmerzlich fühlbar würde.

Was versteht Simmel überhaupt unter differenzierten Freundschaften oder Freundschaft allgemein? "Die Freundschaft und die Liebe sind intime [und kaum institutionalisierte] Verhältnisse, die sich ihrer Idee nach auf der ganzen Breite der Persönlichkeit aufbauen und deshalb die Kenntnis ihrer ganzen Breite voraussetzen."[112] Das heißt nichts anderes, als in den Freundschaftsidealen der Antike zu sehen ist: Freundschaft soll absolute, seelische Vertrautheit sein. Und hier ist es der Freundschaft noch eher als der Liebe (die heftiger und leidenschaftlicher, aber zudem ungleichmäßiger ist) möglich, den ganzen Menschen mit dem ganzen Menschen zu verbinden. Diese völlige Vertrautheit wird mit der wachsenden Differenzierung der Menschen in der komplexer werdenden Gesellschaft immer schwieriger. "Vielleicht hat der moderne Mensch zuviel zu verbergen, um eine Freundschaft im antiken Sinne zu haben, vielleicht sind die Persönlichkeiten auch, außer in sehr jungen Jahren, zu eigenartig individualisiert, um die volle Gegenseitigkeit des Verständnisses [...] zu ermöglichen. Es scheint, daß deshalb die moderne Gefühlsweise[113] sich mehr zu differenzierten Freundschaften neigte, d. h. zu solchen, die ihr Gebiet nur an je einer Seite der

112 Simmel, Georg: Psychologie der Diskretion (Vortrag), in: ders., Gesamtausgabe Band 8, Aufsätze und Abhandlungen 1901-1908, Frankfurt/Main, 1993. S. 82-86, hier S. 83

113 an anderer Stelle (ebd., S. 83) heißt es "Die moderne Gefühlsweise scheint eine andere Art von Freundschaft herauszubilden", dies klingt danach, dass ausschließlich Gefühle für die Freundschaftsbildung verantwortlich sind und nicht auch gesellschaftliche Bedingungen; und das, obwohl Simmel zuvor selbst auf den gesellschaftlich differenzierten und somit veränderten Menschen eingeht. Deshalb trifft die überarbeitete Form des Textes den Sachverhalt auf jeden Fall besser.

Persönlichkeiten haben und in die die übrigen nicht hineinspielen."[114] In der Praxis heißt das, dass es bei dieser partiellen Freundschaftsform einen Menschen gibt, mit dem uns die Gemeinsamkeit des Gemüts verbindet, mit einem anderen die geistige Gemeinsamkeit, mit einem dritten verbinden wir uns der religiösen Impulse willen und mit einem vierten etwa aufgrund gemeinsamer Erlebnisse. Es entwickeln sich die verschiedensten Freundschaften, manchmal über weite Räume hinweg, mit mehr oder weniger intensivem Kontakt und bieten so verschiedene soziale Anker.

Können diese "einseitigen" Freundschaften auch "wirkliche" Freundschaften sein, in denen sich Wärme und Treue zeigen? Können diese Gefühle trotz der jeweiligen Einseitigkeit in jeder einzelnen differenzierten Freundschaft gelebt werden? Simmel meint ja: "Aber die so begrenzte und mit Diskretion umgebene Beziehung kann dennoch aus dem Zentrum der ganzen Persönlichkeit kommen, von ihren letzten Wurzelsäften getränkt sein, so sehr sie sich nur in einem Abschnitt ihrer Peripherie ergießt; sie führt, ihrer Idee nach, in dieselbe Gemütstiefe und zu derselben Opferwilligkeit, wie undifferenziertere Epochen und Personen sie nur mit einer Gemeinsamkeit der gesamten Lebensperipherie verbinden, für die Reserven und Diskretion kein Problem sind."[115]

Mit anderen Worten: differenzierte Freundschaften sind kürzerfristige (ausgehend davon, dass der Mensch und seine Lebensumstände - etwa hinzukommen der Vaterrolle oder ein beruflicher Aufstieg - sich verändert und so in verschiedene soziale Räume eintritt bzw. andere dafür verlässt, die jeweils verschiedene Freunde bedingen oder verlangen), "projekt"bezogene und dennoch am Individuum orientierte Gemeinschaften. Andererseits ist die Feinfühligkeit der Freunde nötig, nicht an die Grenzen der jeweiligen einzelnen Beziehung zu stoßen; es wird erwartet, "daß die Freunde gegenseitig nicht in die Interessen- und Gefühlsgebiete hineinsehen, die nun einmal nicht in die Beziehung eingeschlossen

114 Simmel, Georg: Psychologie der Diskretion, in: ders., Gesamtausgabe Band 8, Aufsätze und Abhandlungen 1901-1908, Frankfurt/Main, 1993. S. 108-115, hier S. 112 und auch Simmel, Georg: Soziologie, Gesamtausgabe Band 11, Frankfurt/Main, 1992. S. 401

115 ebd., S. 402

sind und deren Berührung die Grenze des gegenseitigen Sich-Verstehens schmerzlich fühlbar machen würde".[116]

4.4. Max Weber

Max Weber[117] erarbeitete einen Begriffskatalog der verstehenden Soziologie. Hierbei exemplifiziert er die soziale Beziehung anhand der Freundschaftsbeziehung, seine Ausführungen sind allgemein auf alle sozialen Beziehungen gehalten. Dies bedarf der Klärung, was Weber unter einer sozialen Beziehung versteht: "Soziale "Beziehung" soll ein seinem Sinngehalt nach aufeinander gegenseitig eingestelltes und dadurch orientiertes Sichverhalten mehrerer heißen. Die soziale Beziehung besteht also durchaus und ganz ausschließlich: in der Chance, daß in einer (sinnhaft) angebbaren Art sozial gehandelt wird [...]."[118] Eine soziale Beziehung bedarf nach der Definition Webers beiderseitigen, aufeinander bezogenen Handelns, wobei dies nichts über Solidarität oder ihr Gegenteil zwischen den Handelnden aussagt. Zudem müssen nicht beide den gleichen Sinngehalt in die Beziehung legen, dies kommt in der Realität sogar selten oder gar nicht vor - in diesem Sinne ist die Beziehung nicht gegenseitig. Aufgrund dieses verschiedenen Sinngehalts ist die Beziehung objektiv einseitig; objektiv beiderseitig wird sie, wenn beide Handelnden gleiche Einstellungen zur Beziehung beim jeweils anderen voraussetzen und danach handeln. Weiter bedeutet soziale Beziehung lediglich die Chance, dass ein Handeln stattfand, stattfindet oder stattfinden wird; selbst wenn ein "übergeordnetes" soziales Gebilde, wie z. B. die Ehe, besteht ist dies per se noch kein Zeichen für das tatsächliche Bestehen einer sozialen Beziehung - solange kein soziales Handeln stattfindet. In dem Sinn und Maß wie die Chance für Handeln besteht oder bestand, besteht oder bestand die Beziehung. Diese kann vorübergehenden oder dauernden Charakters sein, wobei dauernd die Chance zur Wiederkehr des sinnentsprechenden Verhaltens bezeichnet; diese Chance, oder anders ausgedrückt: Wahrschein-

116 ebd., S. 401

117 21.4.1864-14.6.1920, Historiker, Ökonom und Soziologe; Mitbegründer der Deutschen Gesellschaft für Soziologie

118 Weber, a. a. O., S. 13

lichkeit, bedeutet den Bestand der Beziehung. "Daß eine "Freundschaft" oder daß ein "Staat" besteht oder bestand, bedeutet also ausschließlich und allein: wir (die Betrachtenden) urteilen, daß eine Chance vorliegt oder vorlag [...]"[119] Problematisch erscheint an dieser Stelle, dass die Handelnden in Webers Augen nicht selbst in der Lage sind festzustellen, ob sie sich in einer sozialen Beziehung, sprich Freundschaft, befinden oder nicht. Der Sinngehalt einer solchen Beziehung kann wechseln und macht dies im allgemeinen auch über einen längeren Zeitraum. Es ist dann eine rein definitorische Angelegenheit die Beziehung als "neue" Beziehung anzusehen oder als die alte Beziehung mit neuem Sinngehalt. Dieser Sinngehalt kann durch gegenseitige Zusagen vereinbart werden, die Beteiligten machen sich hiermit für ihr künftiges Verhalten Versprechungen.

Freundschaftsbildung findet sich bei Weber unter dem Begriff der sozialen Auslese, diese "bedeutet vielmehr zunächst nur: daß bestimmte Typen des Sichverhaltens und also, eventuell, der persönlichen Qualitäten, bevorzugt sind in der Möglichkeit der Gewinnung einer bestimmten sozialen Beziehung."[120] Wie schon Tönnies differenziert Weber zwischen Vergemeinschaftung und Vergesellschaftung, wobei es bei ihm ein Prozess ist - im Gegensatz zur Gemeinschaft, einem Gebilde, bei Tönnies. Vergemeinschaftung bezeichnet bei Weber eine subjektiv gefühlte Zusammengehörigkeit und Aufeinanderbezogenheit der Beteiligten, sowie Abgrenzung gegen Dritte. Diese Abgrenzung gegen Dritte zeigt wiederum deutlich den geschlossenen Charakter der Freundschaft, die Teilnahme an ihr ist affektuell beschränkt.

4.5. Leopold von Wiese

Wie zuvor Simmel beschreibt Leopold von Wiese[121] Freundschaft in seiner Theorie der sozialen Gebilde im Zusammenhang mit diversen anderen Paarbezie-

119 ebd., S. 14

120 ebd., S. 21

121 2.12.1876-11.1.1969, Begründer der Kölner Zeitschrift für Soziologie und Sozialwissenschaft

hungen - in Differenz zur (Dreier-) Gruppe[122]. Für ihn ist Freundschaft eine der Paarbeziehungen, neben Geschlechts- oder Generationspaaren, die sich weiter nicht in ihren Strukturen, sondern nur in der Intensität ihrer Bindung unterscheiden; das heißt: je schwächer die Verbundenheit, desto weniger sind die Paarmerkmale erkennbar. Seine Ausführungen beziehen sich zumeist ganz allgemein auf die Paarbeziehung, die die persönlichsten unter den sozialen Gebilden sind. Im Gegensatz zu den Geschlechtsbeziehungen (Liebes- oder Ehepaar) und den Generationspaaren (Vater - Sohn/Tochter, Mutter - Sohn/Tochter, Geschwisterpaar, Eltern, allgemein Erwachsener - Kind) differenziert von Wiese bei den Freundschaftspaaren nicht weiter. Es kann folglich davon ausgegangen werden, dass er keine Freundschaft zwischen den Geschlechtern anerkennt, diese Beziehung gehört zu den Geschlechtspaaren, ebenso wie er nicht auf Freundschaften verschiedenaltriger Personen eingeht, zugehörig zu den Generationspaaren.

Was machen nun Paarbeziehungen oder Freundschaft für ihn aus? Den Anfang macht ein Entschluss der Beteiligten (das Freundespaar ist demzufolge eine Wahlgruppe), dieser Entschluss ist noch nicht Freundschaft, soll aber dazu führen. Freundschaft kann nicht von gesellschaftlichen Autoritäten vorgeschrieben oder geregelt werden, Gesellschaft schafft jedoch den Rahmen für Freundschaft und betraut sie mit wichtigen Aufgaben[123]. Es bedarf weniger eines vorübergehenden Einzelzwecks - wie bei Helvetius, dem Bedürfnisse genügten um Freundschaft zu schließen - als einer "(zwar nicht die Totalität der beiden Menschen, aber doch wichtige Wesenszüge beider erfassende) Verbundenheit, die in mehr als einem Spezialzwecke zum Ausdruck kommt"[124] - sie entspringt dem Zentrum der Persönlichkeit: "In der Zweiergruppe muß (oft: will) der eine Mensch den anderen möglichst ganz erfassen."[125]

---

122 auch hier wieder das Argument der Intimität wie schon bei Simmel: "Liebe und Freundschaft zwischen mehr als zwei Menschen wird niemals alle Zauber- und Beglückungskräfte entfalten können; sie sind ihrem Wesen nach auf Intimität gerichtet, die mit der Zunahme der Menschenzahl, auf die sie sich erstreckt, verblaßt" - von Wiese, Leopold: System der Allgemeinen Soziologie, München, 1933. S. 466

123 dazu vgl. Kapitel 3.9. Zusammenfassung, insbesondere die Argumente Tenbrucks

124 von Wiese , a. a. O., S. 464

125 ebd., S. 469

Freundschaft wird bestimmt durch eine gewisse zeitliche Dauer und immer wiederkehrende Sozialprozesse zwischen den abhängigen Partnern, sie ist als freiwillige und positiv affektuale Beziehung permanent erneuerungsbedürftig. In der Freundschaft wirkt Individuelles auf Individuelles, "Die Personen dürfen nicht bloß als Funktionäre, Repräsentanten, Beauftragte erscheinen, sondern der Mensch muß dem Menschen begegnen."[126] Die Paarbeziehung bietet den Individuen viel Spielraum, um im guten oder schlechten Sinn zu handeln - dies zeigt, dass für jeden Freundschaft möglich ist (aber: "Für Gebildete, für Großstädter, für Ästheten und Menschen mit großem, unerschlossenem Geistesreichtum wird die rechte positive Paarung ein größeres Glück als für die Armen im Geiste."[127]), nicht nur für den Guten wie z. B. bei Aristoteles; und es sind alle Ziele der Freundschaft (auch schlechte) möglich, nicht nur geistiges Wachstum oder gegenseitige Erziehung. Das Ergebnis (Ablauf, Stärke, Äußerungsform, Leistung) der Freundschaft hängt in der Paarbeziehung wesentlich von der Leistung des Einzelnen ab, anders als in größeren Gruppen. Es entwickelt sich eine selbständige Paaridentität; hierzu bedarf es nicht nur der Annäherung oder Anpassung der Partner, sondern vielmehr mindestens einer Angleichung. Die totale Passivität eines der Partner ist nicht möglich: zwar werden die Aktivitäten ungleich verteilt sein, aber am häufigsten wohl in dem Sinne, dass in manchen Dingen der eine, in manchen Dingen der andere die Rolle des Aktiven übernimmt. Weiter stellt von Wiese fest: "Das Paar handelt immer anders, als jeder Einzelne allein oder wenigstens (bei starkem Überwiegen eines Partners) als der eine von beiden (der passivere) alleine handeln würde. Der persönliche Einfluß des Einzelnen auf Dritte (nach außen hin) verstärkt sich in der Regel durch das Paarverhältnis, ist aber andererseits doch auch wieder durch die Mitwirkung des anderen Menschen verändert, vermindert, oft abgeschwächt."[128]
Freundschaft bietet zudem die Chance zur Befreiung von Einsamkeit, in ihr wird das persönliche und nicht nur das soziale Ich angesprochen (wobei Freundschaft - wie oben zu sehen war - auch sozialisierende Funktion hat); das

126 ebd., S. 465
127 ebd., S. 471
128 ebd., S. 470

Selbstbewusstsein wird durch das Paarverhältnis beeinflusst, entweder stark gehoben oder stark gemindert.
In ähnlicher Weise wie schon Simmel setzt von Wiese Freundschaft mit gesellschaftlicher Differenzierung in Zusammenhang: "Je einfacher, undifferenzierter und als Individualitäten unentwickelter die Menschen sind, desto selbstverständlicher und reibungsloser ist das Leben zu Paaren. Mit zunehmender Kulturzersplitterung und dem Anwachsen der Unterschiede von Mensch zu Mensch wird die Zweiergruppe immer problematischer."[129]

4.6. Siegfried Kracauer

Bei Siegfried Kracauer[130], der das "Wesen der Freundschaft" untersucht, ist "echte Freundschaft" eine Idealtypenkonstruktion und höchst esoterische Sozialkategorie. Er grenzt sie ab gegenüber Kameradschaft, Fachgenossenschaft und Bekanntschaft; nach Ausführungen zur idealen Freundschaft gelangt er abschließend zur mittleren Freundschaft. Um seinem Gedankengang folgen zu können werden zuerst die einzelnen Dimensionen deutlich dargelegt und anschließend mit Freundschaft in Verbindung gebracht.
Kameradschaft ist eine Zielverbindung: sie hat ein von außen kommendes Ziel, setzt gemeinsames Handeln für dieses Ziel voraus und dient damit der gemeinsamen Lebensbewältigung. Das Ziel muss sinnfällig sein und beide müssen vor dem Ziel gleichwertig sein. In der Kameradschaft gibt es weder seelische Verwandtschaft, noch eine besondere innere Anziehungskraft; es wird nicht die Persönlichkeit des Einzelnen angesprochen, sondern das allgemein Menschliche in ihm. Die Zeit zur gegenseitigen Eingewöhnung fehlt, Kameradschaft ist nur auf eine bestimmte Dauer angelegt, bis das gemeinsame Ziel erreicht ist. Bis dahin verschwinden Eigenwünsche, die gemeinsame Tätigkeit rückt in den Mittelpunkt. "Die Einzelseele wird entpersönlicht, umgeknetet, bis sie sich im gleichen Rhythmus mit den anderen bewegt."[131] Dies bedeutet, dass sich die Menschen nicht innerlich näher kommen, sondern vielmehr die persönlichen An-

129 ebd., S. 471
130 8.2.1889-26.11.1966, Architekt, Philosoph und Soziologe
131 Kracauer, Siegfried: Über die Freundschaft, Frankfurt/Main, 1971. S. 13

teile, ihre störenden Besonderheiten (in Hinblick auf das gemeinsame Ziel und die Beziehung bis dahin) entfernt werden. Ergänzend dazu Nötzold-Linden: "Das gemeinsames Handeln auch zur emotionalen Bindung führt, wird von Kracauer zwar als folgerichtige Konsequenz erörtert, die "Einmengung der ganzen Persönlichkeit in die Beziehung"[132] jedoch als störende Überlastung bei der Erreichung des Ziels gesehen."[133]

Fachgenossen (auch Kollegen genannt) grenzen sich durch ihr Fachwissen von anderen ab: "Die Beziehung der Fachgemeinschaft erzeugt sich in ihrer Eigenart erst, wenn das Fach so viel Wissen und so viele Geschicklichkeiten fordert, daß den sich ihm Widmenden das Gefühl schwindet, als beliebige, unterschiedslose Gleiche zur Erfüllung irgend eines Ziels verbunden zu sein. Berufsgenossen sind immer schon Auserwählte."[134] Dieser Qualifikationsanspruch grenzt die Fachgenossenschaft zur Kameradschaft ab. Die Fachgenossenschaft ist in erster Linie eine Sachbeziehung. Eine hohe geistige Vertraulichkeit aufgrund der Berufsgemeinschaft und der damit verbundenen gleichen beruflichen Sozialisationen, die Furchen im Gesamtbewusstsein ziehen, können zu einer spezifischen Bereitschaft der Weltaneignung und damit zu identischer Weltsicht führen. Dies führt weiter dazu, dass die berufliche Verbindung einen guten Teil der seelischen Kräfte "schluckt", etwa bei Fachsimpeleien oder fesselnden Problemstellungen; trotz der engen Verbindung auf dieser Ebene darf das Allgemeinmenschliche in diesen Fachgenossen-Beziehungen nicht bestimmend werden. Wie schon bei der Kameradschaft scheidet Persönliches aus: ein feines Gefühl schafft eine Trennungslinie, auf deren Einhaltung beide Partner, bewusst oder unbewusst, bedacht sind; bei Überschreitung erfolgt Zurückweisung. Fachgenossenschaft kann in Freundschaft übergehen, dann ist jedoch eine tiefe menschliche Anteilnahme am anderen grundlegend.

Bekanntschaft (in ihrer engeren Form, nicht nur wie bei Simmel das bloße Wissen von der Existenz) ist im Gegensatz zu den bisher genannten keine Ziel- oder Sachverbindung und sucht ihren Grund innerhalb des Menschen. Sie ent-

---

[132] ebd., S. 15

[133] Nötzold-Linden, a. a. O., S. 62

[134] Kracauer, a. a. O., S. 15

steht spontan, durch Zufall und durch bestimmte innere Bedürfnisse: "Das in jedem vorhandene Bedürfnis, sich mitzuteilen, führt nun meist Verbindungen herbei, in denen sich die Menschen ein Stück ihrer Seelenmannigfaltigkeit anvertrauen."[135] Hieran wird deutlich, dass sich, wie schon die Kameradschaft und die Fachgenossenschaft, auch die Bekanntschaft nur an einem Teilaspekt orientiert; diesmal zwar innerhalb des Menschen, nicht nur in Ziel oder gemeinsamer Arbeit, jedoch nur an einem Teil. Bruchstücke der Persönlichkeit müssen dem jeweiligen Partner genügen. Bekannte erleben höchste Befriedigung in geselliger Nähe, im unmittelbaren Verkehr - Bekanntschaft ist eine Gegenwartsverbindung, die Partner haben keinen Anspruch an Dauer oder an Verantwortung füreinander. Je umgänglicher ein Mensch ist, desto mehr Bekannte hat er, diese wirken allerdings in keiner Weise am Aufbau des Selbst mit, sondern dienen ausschließlich der Unterhaltung und dem gegenwärtigen Genuss. Am Anfang einer Beziehung entscheidet sich, ob es eine solch lockere Verbindung (Bekanntschaft) werden soll oder eine engere (Freundschaft) werden kann, abhängig unter anderem von Nähe und Umfang den die Partner zulassen. Ist diese Entscheidung einmal getroffen, erhält die Bekanntschaft einen ihr eigenen festen Kern und eine Grenze von der nicht mehr abgewichen wird.
Allen drei bisher beschriebenen Arten der Gemeinschaft ist gleich, dass sie allen Menschen zugänglich sind, durch überindividuelle Bedingungen eintreten und dann durchlebt werden. Das menschliche Gemüt ist an ihnen, wenn überhaupt, nur bis zu einem bestimmten Grade beteiligt.

Manche Menschen suchen im Gegensatz dazu nach ausgiebigerer Gemeinschaft und Verschmelzung, suchen nach "Ganzheit der Seele". Für Kracauer wollen nur geschlechtliche Liebe und Freundschaft diese ausgiebigere Gemeinschaft. Ganzheit hat in beiden Fällen verschiedene Bedeutung: in der Liebe wollen die Partner alles voneinander wissen, um ein neues Drittes zu schaffen, in dem ihre beiden getrennten Webmuster zu einem verknüpft werden. Anders in der Freundschaft: hier geht es nicht um Verschmelzung, sondern um Durchdringung der Seelen - die Partner bleiben selbständig, es entsteht nichts drittes

[135] ebd., S. 20

Neues was über der Beziehung schwebt; die Freunde sind sich von Anfang an sehr ähnlich, ergänzen sich in anderen Bereichen und wachsen aneinander. Für Freundschaft und Durchdringung der Seelen bedarf es Menschen mit Ich-Bewusstsein. Wie oder was ist ein Mensch mit Ich-Bewusstsein? Er besitzt ein "Bewußtsein, in dem sich alle Einzelerlebnisse und -inhalte zusammenfinden und miteinander verwoben werden."[136] Dieser Mensch hat meist ein instinkthaftes Wollen oder Widerstreben, ohne reinen Gedanken: Wort und Handlung werden instinkthaft gewusst, beeinflussen das ganze Innere. Dieses triebmäßige Bewusstsein schließt sich dem kräftigen Willen oder seelenüberwölbenden Ideen an - das Ganze kommt in Fluss. Dabei unterscheidet sich wichtiges von unwichtigem automatisch: "Es entsteht eine Ordnung, in der jede Regung und jede Tat, jedes Gefühl und jeder Gedanke seinen Platz hat."[137] Das Ich-Bewusstsein ist der Verwalter der Seele, das höchste Gewissen, es lässt keine falsche Ordnung aufgrund von Augenblickseinflüssen zu. Ein Mensch mit Ich-Bewusstsein hat das Bedürfnis, die Welt als Ganzes zu begreifen: "Leitsätze für das Handeln werden gesucht, Allgemeinurteile über viele Verhältnisse menschlichen Lebens erzeugen sich."[138] Die Seele wird zum geschmeidigen Werkzeug, nimmt die Welt in sich auf. "So läßt jedes kräftige Ich-Bewußtsein eine Reihe von Erkenntnissen entstehen, die, von einem tiefen Gefühl begleitet, das dauernde Wesen des betreffenden Menschen und sein Verhalten zur Welt widerspiegeln, ohne daß sie rein beschaulicher, philosophischer Art sein müßten."[139] Das Ich-Bewusstsein ist an die Fähigkeit und das Bedürfnis des Beisichverweilens des Einzelnen geknüpft. "Sichtbar" wird das Ich-Bewusstsein erst in Verbindung mit einer Aufgabe, ansonsten schwebt es im Leeren. Und doch steht es dann über dem Werk und lässt sich nicht von ihm vereinnahmen oder überrollen. Das Wesen dieser inneren Kraft besteht darin, dass sie Wirklichkeit werden will, nichts punkthaft Einzelnes, sondern eine Folge von Handlungen.

"Wir nennen Menschen dieses [...] Typus Persönlichkeiten, ihr Bewußtsein das Persönlichkeitsbewußtsein. Nur sie können wahrhafte Freunde sein. Ideale

---

136 ebd., S. 32

137 ebd., S. 36

138 ebd., S. 37

139 ebd.

Freundschaft ist, wie wir vorerst sagen wollen, das Sich-Finden zweier Menschen, ihrem ganzen Ich-Bewußtsein zusammengefaßten Wesen nach."[140] Freundschaft bedeutet demzufolge eine innige Bindung in allen Bereichen des Ichs beider Partner. An diesem Punkt muss klar gesagt werden, dass Kracauer anfängt ein Idealbild zu zeichnen (sich dessen bewusst ist) und erst später wieder zur Realität zurückkehrt. Echte Freundschaft besteht für ihn aus der Pflege ähnlicher Gesinnungen - im Gegensatz zu vorher beschränkt er nun nicht mehr auf absolute (Wesens-)Gleichheit in allen Punkten, sondern es genügen Ähnlichkeit in den Gesinnungen, in den seelischen Grundschichten und den Wurzelanlagen; sie müssen nur noch in den bedeutsamen Dingen wirklich übereinstimmen - und setzt weiter die gemeinsame Entwicklung in den Bereichen des "typischen Erkennens" voraus. Typisches Erkennen bezeichnet das Identitätsmuster des Fühlens und gewisser Denkstrukturen, alles über das rationale Wissen hinaus. Freundschaft braucht, wie gerade oben gezeigt, ähnliche seelische Grundschichten und Wurzelanlagen; das bedeutet nicht, dass die Freunde in allen Einzelheiten übereinstimmen, sondern, dass sie in den bedeutsamen Dingen, in wesentlichen Idealen und Gesinnungen übereinstimmen oder zumindest sehr nah beieinander liegen. In den einzelnen Neigungen und Interessen können sie durchaus verschieden sein: "Es erhöht dann den Wert und Reiz eines Bundes, wenn auf Grund derselben Wurzelanlagen die auseinanderliegenden Seiten ihres Innern sich ergänzen und so eine nach allen Seiten sich erstreckende fruchtbare Anteilnahme möglich ist."[141] Von dieser Übereinstimmung in den Idealen, im typischen Welt- und Menschenbegreifen und dem ständigen Wachsen mit- und aneinander lebt die Freundschaft; sie zerbricht, wenn das geistige Band abreißt. Ergänzend braucht eine Freundschaftsbeziehung Liebe und Zuneigung als Wurzelgefühle; wo sie fehlen kann trotz aller anderen Berührungspunkte und Ähnlichkeiten keine Freundschaft entstehen. In der Freundschaft wird das Grundverlangen erfüllt, dass der Mensch als Ganzes wirken und gelten will, nicht nur als Teil, wie beispielsweise als Kollege. In der Freundschaft darf ich mich "so gesammelt und umfänglich nahen, wie ich bin

[140] ebd., S. 38, dort kursiv
[141] ebd., S. 46

und wie ich mich fühle."[142] Hier darf ich voll und ganz sein wie ich bin, muss nichts vortäuschen, nicht mein Gesicht bewahren. Freundschaft festigt die eigene Art (sie verdoppelt in allem wo sich die Freunde gleich sind), bietet Zuflucht im Unglück, erweitert die Seele (man birgt den anderen in sich, die Zusammenhänge seines Lebens sind einem klar, er gehört einem und man hat Einfluss auf ihn, er zeigt einem andere Seiten als in einem selbst sind, zeigt einem mit seinem Leben andere Möglichkeiten auf als die eigenen bzw. andere als man wahrgenommen hat) und versittlicht durch gemeinsam als gut Erkanntes (ist Gesinnungs- und Idealgemeinschaft mit eigener Moral[143]). Gefahren für Freundschaft sieht Kracauer im Verlaufe ihrer Entwicklung; sie kann an Hochmut, Unverträglichkeit, Misstrauen oder Gewohnheiten (etwa wenn die Freunde aus verschiedenen Lebenskreisen stammen) scheitern. "Neid und Eifersucht zerstören auch die innigste Gemeinschaft und sind daher nach Möglichkeit von der Freundschaft fern zu halten."[144] Freundschaft kann gerade auf ihrem Gipfel zerfallen, dann, wenn Ermüdung eintritt, eine beiderseitige Unlust, wenn man sich zu sehr ausgesprochen hat, übersättigt ist - ähnlich Simmels Argumenten zum Geheimnis und seiner Bewahrung in der Ehe[145]. Dagegen helfen Schonzeiten und gelegentliches Abstand nehmen (dazu später im Zusammenhang mit dem Gespräch mehr). Wieder ist die Ähnlichkeit der Partner anzusprechen: eine zu große Ähnlichkeit an der Wesensoberfläche trennt oft mehr als sie verbindet und führt zu Ermüdung, dagegen steht der Reiz des Andersseins in den äußeren Schichten (nur dort!). Gefahr für eine Freundschaft besteht zudem, wenn die Partner in ihrer Selbständigkeit bedroht werden oder sie von verschiedenen

142 ebd., S. 47

143 vgl. die Moralisierung durch den Freund bei Aristoteles

144 ebd., S. 51, dazu Nötzold-Linden, a. a. O., S. 65: "Die Frage nach dem Umgang mit darauf basierenden Konflikten kann sich für Kracauer nicht wirklich stellen, da ideale Freundschaft letztlich jenseits der alltäglichen Lebenswelt existiert.", mehr zum Alltag und Freundschaft weiter unten

145 vgl. Simmel, Psychologie der Diskretion (Vortrag), a. a. O., S. 84ff, beispielsweise: "ob sie sich nicht qualitativ mehr gehören, wenn sie sich quantitativ weniger gehören" oder "Das Tragische oder Tragikomische darin ist, daß diese auf die Länge der Zeit das Verhältnis störende Indiskretion als eine Art Pflicht empfunden wird, nachdem man einmal in das Verhältnis eingetreten ist. An diesem Mangel gegenseitiger Diskretion gehen viele Ehen zugrunde, reizlos, banal, selbstverständlich, ohne Raum für psychologische Überraschungen."

Standpunkten in ihrer Entwicklung ausgehen - der eine schon weiter entwickelt ist als der andere und dieser sich überrumpelt, dirigiert oder überfordert fühlt, die eigenen Ansätze durch die stärkeren des anderen überwuchert werden.
Später ergänzt Kracauer seine Definition des Wesens der Freundschaft: "Sie ist die auf vereinter Entwicklung der typischen Möglichkeiten beruhende Gesinnungs- und Idealgemeinschaft *freier, unabhängiger* Menschen.[146] Sich gemeinsam entfalten, ohne sich aneinander zu verlieren, sich hingeben, um sich erweitert zu besitzen, zur Einheit verschmelzen und doch getrennt für sich bestehen zu bleiben: dies ist das Geheimnis des Bundes."[147]
Im zweiten Teil seines Buches geht Kracauer auf das Gespräch ein, welches er als Hauptreiz der Freundschaft bezeichnet. Die Freunde entwickeln mit der Zeit eine ihnen eigene Geheimsprache, die es ermöglicht noch schneller miteinander zu kommunizieren und durch die sich der Weg ihres gegenseitigen Verständnisses immer mehr abkürzt. Freunde können Schweigen ertragen, fühlen sich in dieser Zeit vielleicht besonders verbunden. Im Gespräch selbst gibt der Einzelne sich zu erkennen, gibt die Wurzelgefühle frei zur Prüfung, ob sie übereinstimmen. Lange Gespräche sind das Vorspiel jeder Freundschaft, hier lernen die Freunde einander näher kennen. Im Gespräch entblößt sich die Seele für kurze Zeit, um anschließend wieder im Dunkel zu verschwinden, denn der Mensch kann nicht lange auf dem Höhepunkt der Berührung verweilen (ähnlich bei Tönnies, wo der Mensch nur eine begrenzte Nähe verträgt). Deshalb schieben sich immer wieder Zeiten der Trennung zwischen diese Gespräche. In dieser Zeit wird das Vordergründige abgeschwächt, das Typische und Wesentliche der Beziehung und der Partner tritt heraus. Die Freunde entwickeln sich während der Trennung unabhängig voneinander weiter, in Entscheidungssituationen wird oft der gedachte Freund um Rat befragt. Allerdings wandelt sich das Bild des Freundes mit einem selbst. Treffen sich die Freunde anschließend wieder,

---

146 Freundschaft scheint für Kracauer eine exklusive Beziehung, dem freien Mann vorbehalten. Zur Frauenfreundschaft (mit Frauen und Männern) schreibt er jedoch: "Dieses Verhältnis ist vielleicht gegen die Vergangenheit im Zunehmen begriffen, weil immer mehr Frauen durch Beruf und Studium einen sachlichen, vom reinen erotischen Gefühlsleben losgelösten Inhalt empfangen, was für die Verselbständigung ihrer Seele und damit für ihre Freundschaftsfähigkeit von nicht zu unterschätzendem Wert ist." Kracauer, a. a. O., S. 78

147 ebd., S. 54, Hervorhebungen im Original

müssen sie sich erst einander nähern und überprüfen ob ihr Bild noch mit der Realität übereinstimmt oder nicht. Optimalerweise führt das getrennte Leben zu den gleichen Ergebnissen und Wandlungen wie das gemeinsame. Eine Trennung ist die beste Probe, ob die typischen Anlagen wirklich übereinstimmen. In der Freundschaft ist - im Gegensatz zur Liebesbeziehung, in der Gefühle ausgelebt werden müssen und das Gemüt nur den Wunsch nach Vereinigung kennt - die Gegenwart des Freundes nicht unbedingt erforderlich; eine Trennung schmerzt zwar, wird aber als selbstverständlich akzeptiert.

Wenn Freundschaft sich auflöst, tut sie dies allmählich, ohne Bruch; häufig findet man aus einer der wiederkehrenden Trennungen und Verfremdungen nicht mehr zurück auf die gleiche Ebene. Die Freunde werden befangen, sind sich unsicher über den Zustand des anderen; wirklich zerbrochen ist die Freundschaft erst, wenn beide Freunde die Trennung vollzogen haben. Eine andere Möglichkeit des Bruchs der Freundschaft ist, dass das Verhältnis zurücktritt in ein niedereres: "Die Freundschaft als das engste geistige Verhältnis faßt die loseren Beziehungen der Kameradschaft, Fachgenossenschaft, Bekanntschaft in sich. Ein Zurücksinken in die beiden ersten Formen des Verkehrs ist leicht möglich, wenn die soziologischen Vorbedingungen hierfür bestehen, also die Freunde zu kameradschaftlicher Tätigkeit verbunden sind oder dem gleichen Beruf angehören. In solchem Falle ist der Freund nicht mehr Freund, sondern Kamerad oder Fachgenosse."[148]

Als neues Argument findet sich bei Kracauer die sukzessive ideale Freundschaft: hier kann oder gar muss (etwa wenn der Freund die Veränderungen nicht durchlebt) die einzige ideale Freundschaft in verschiedenen Lebensaltern oder -situationen gewechselt werden.

Wie oben gezeigt, findet die ideale Freundschaft bei Kracauer im Gespräch statt, nicht im gelebten Alltag: "Im Alltag, der für die Menschen ein verschiedenes Antlitz trägt, auf allen den Wegen, die jeder allein zu wandeln hat, erscheint der Freund oft nur als einer unter vielen."[149] Dazu Nötzold-Linden: "Das gemeinsame Handeln im Alltag hat bei Kracauer einen geringen Stellenwert, obwohl

148 ebd., S. 63

149 ebd.

gerade dort die 'Akte geistiger Zeugung' sich manifestieren oder ad absurdum geführt werden."[150] Dies zeigt wieder ganz deutlich den Idealtypus der Freundschaft bei Kracauer. Er ist sich dessen selbst bewusst und entwickelt deshalb über die ideale Freundschaft hinaus eine Theorie der mittleren Freundschaft: "Wir haben ferner einige typische Zustände des Verlaufs dieser wahrhaften Freundschaft beschrieben. Die folgende Aufgabe besteht darin, von der Idee zur vollen Wirklichkeit zurückzukehren"[151], denn die meisten Menschen haben mehr als einen Freund und nicht zu jedem das innige Verhältnis. "Setzt man voraus, daß eine dieser Freundschaften das Ideal erreicht, so fragt sich doch weiter, wie die anderen beschaffen sind, und in welchem Umfang sich der Sinn des Bundes in ihnen verwirklicht."[152] (Zur Thematisierung der Anzahl und Vereinbarkeit verschiedener Freundschaften unten mehr.) Diese anderen Freundschaften, die nicht an das Ideal heranreichen und nicht so innig sind, nennt Kracauer mittlere Freundschaften; sie sind angesiedelt in der Mitte zwischen Bekanntschaft und wahrer Freundschaft und auf eine einzelne Seite seines Wesens, seiner Seele beschränkt, "Temperament und Charakter, Denken und Fühlen fahnden gesondert nach Übereinstimmung und Aufnahme in fremden Seelen."[153] Dies erinnert stark an die differenzierte Freundschaft Simmels, beispielsweise wenn er die Peripherie mit dem Kern in Verbindung setzt: "Sie muß sich, gefühlsmäßige Zuneigung vorausgesetzt, zum wenigsten auf eine der den Typus bildenden Wurzelkräfte erstrecken, weil nur dann überhaupt Wesensberührung möglich ist; ferner darf die Verschiedenheit der anderen inneren Anlagen nicht so groß sein, daß sie jede Annäherung schon im Keime erstickt."[154] Das Gemeinsame tritt in den Mittelpunkt der Freundschaft, der Rest des Ichs wird in die Peripherie abgedrängt. Die mittlere Freundschaft stellt keine Vorstufe zur idealen dar, wie es die Bekanntschaft anfangs sein kann. Auch in der mittleren Freundschaft, wie schon in der idealen, lernt der Freund, sich mit den Augen des anderen zu sehen. Das Bild, das man sich selbst vom Freund macht, ist hier aufgrund der Ein-

---

150 Nötzoldt-Linden, a. a. O., S.64; vgl. auch ihre Ausführung oben zu Neid
151 Kracauer, a. a. O., S. 65
152 ebd., S. 66
153 ebd.,
154 ebd., S. 67

seitigkeit des Blickwinkels verzerrt: das Naheliegende wird klar erkannt, die anderen Seiten werden entweder verkürzt, überschnitten oder gar nicht wahrgenommen, zumindest jedoch immer vom eigenen Standpunkt aus, der das übrige Bild bestimmt, sogar fehlende Teile selbst ergänzt. Die Freunde entwickeln sich gemeinsam, dort wo sie zusammentreffen; ihr Einfluss ist aufgrund der Begrenzung der Freundschaft auf eine Seite der Persönlichkeit eingeschränkt. In der mittleren Freundschaft sind Wandlungen der Person tragbar, sie müssen nicht zum Bruch führen wie bei der idealen Freundschaft. Die mittlere Freundschaft nimmt das Dasein des Einzelnen nicht ganz in Anspruch, nimmt ihn nicht so in Beschlag wie die ideale Freundschaft. Die Zahl der Freunde richtet sich nach dem Umfang seines Wesens; oft haben die Freunde keine Beziehung untereinander, da sie aus verschiedenen Bereichen kommen. "Während so der mittleren Freundschaften leicht mehrere sein können, bleibt die ideale Freundschaft aus äußeren und inneren Gründen meist auf eine einzige beschränkt, wenn auch in verschiedenen Lebensperioden eine die andere ablösen mag."[155] Hier widerspricht sich Kracauer selbst: bei Einführung der mittleren Freundschaft spricht er von einer idealen Freundschaft und ergänzend mittleren Freundschaften - an dieser Stelle dagegen beschränkt er auf ideale Freundschaft (eine!) oder mittlere Freundschaften (mehrere möglich). Realistischer ist m. E. die zweite Aussage, da niemand seine Persönlichkeit zuerst mit einem Menschen vollkommen teilen kann und zusätzlich oder gar ergänzend (!?) die anderen Teile mit verschiedenen Menschen.[156]

Abschließend wird anhand der historischen Situation des Juden Kracauer nochmals die Verbindung zwischen Freundschaft und Gesellschaft verdeutlicht. Es scheint, als nutze Kracauer die Beschäftigung mit dem geistigen Phänomen Freundschaft in der Zeit des ersten Weltkriegs (1914-18) als Möglichkeit, sich selbst persönliche Freiräume von der äußeren, leidvollen Realität zu schaffen. "Freundschaft, verlagert ins Innere der Seele, kann zum Fluchtort oder Ersatz für eine Gesellschaft werden, deren Zwänge und Missstände Kracauer nur indi-

[155] ebd., S. 71

[156] allein schon eine Zeitfrage; Argumente zur einzigen idealen Freundschaft siehe auch Kapitel 3

rekt zum Thema macht"[157] wenn er schreibt "Von der unbefriedigenden Zerrissenheit weg, in die unsere ökonomischen und sozialen Verhältnisse mit ihren zahllosen Widersprüchen und ungelösten Konflikten den Einzelnen versetzen, streben sie [die Menschen] nach einer einheitlichen Gestaltung ihres Daseins."[158]

Dies zeigt deutlich die Verbindung zwischen Freundschaft und Gesellschaft: kann (oder will) die Gesellschaft Aufgaben nicht mehr (alleine) übernehmen, werden sie auf private Beziehungen "umgeleitet" - "Wo die Bindung an die Polis schwindet, nimmt das Denken über Freundschaft zu. Ein Individuum, das seine eigene Insularität erfuhr, versucht, sich im Freund als Stellvertreter der Gemeinschaft, der es den halben Rücken kehrt, einen wenngleich engeren Weg zur Soziabilität zu bahnen."[159]

4.7. Lazarsfeld/Merton

Lazarsfeld/Merton stellen in ihrer Untersuchung[160] zwei Dimensionen dar. Zuerst wurden die erhobenen Daten von Merton in einer "substantiven Analyse" bearbeitet, auf Grundlage derer und der Originaldaten entwarf Lazarsfeld eine "methodologische Analyse". Dies bedeutet die Gegenüberstellung von Generalisierung und Empirie an einem konkreten Beispiel. Beide gehen von der Grundlage aus, dass es sich bei Freundschaften um Prozesse handelt; untersucht werden sollen nun die Bedingungen unter denen sie entstehen und erhalten werden. Oder nach MacIver: "We must ... consider integration as a social-psychological process operating within the group. How far, under what conditions, and with what limitations does this process actually occur?"[161] Um die Idee der Freundschaft als Prozess genauer darzulegen und zu erläutern werden im Folgenden

---

[157] Nötzoldt-Linden, a. a. O., S.66

[158] Kracauer, a. a. O., S. 55

[159] Witte, Karsten: Nachwort, in: Kracauer, a. a. O., S. 99

[160] Lazarsfeld, Paul F./Merton, Robert K.: Friendship as Social Process: A Substantive and Methodological Analysis, in: Berger, Morroe/Abel, Theodore/Page, Charles H. (Hg.):Freedom and Control in Modern Society, New York,1964, S.18-66

[161] MacIver, Robert M./Page, Charles H.: Society: An Introductory Analysis, New York, 1949, S.228; zitiert nach Lazarsfeld/Merton, a. a. O., S.19

beide Untersuchungen dargestellt. Grundlage war in beiden Fällen die Datenerhebung in zwei amerikanischen Siedlungen: in Crafttown, New Jersey, lebten 700 Familien, wenige Statusgleiche (wenn dann erworbener Status, durch Wahl oder erarbeiten, statt zugeschriebener Status, etwa durch Geburt oder Alter[162]); in Hilltown, westliches Pennsylvania, lebten 800 Familien, Status war weit mehr zugeschrieben, hier lebten zwei Rassen mit niedrigerem Lohnniveau zusammen, Religion war wichtiger als in Crafttown. Jeder Bewohner sollte seine drei engsten Freunde angeben: 10% der Befragten kannten nicht genug Leute, die sie als engste Freunde bezeichneten[163], grob die Hälfte der Freunde kamen aus der jeweiligen Siedlungsgemeinschaft.

4.7.1. Robert King Merton

Robert King Merton[164] untersuchte die Muster zur Auswahl enger Freunde mit Rücksicht auf Ähnlichkeit bzw. Differenz von Einstellungen, Werten oder sozialem Status. Diese Muster der Freundeswahl und die Entwicklung der Freundschaft sind die Ergebnisse der jeweiligen sozialen Interaktion; eine Phase erzeugt die nächste, wenn die Voraussetzungen dafür bestehen und es für das Fortbestehen der Freundschaft nötig ist[165].

An dieser Stelle muss kurz auf Mertons Terminologie eingegangen werden: homophily bedeutet "a tendency for friendships to form between those who are alike in some designated respect", heterophily hingegen "a tendency for friend-

---

162 Zur Frage der Differenz zwischen erworbenem und zugeschriebenem Status auch Nötzold-Linden, a. a. O., S. 67: "Die Autoren entnehmen daraus zurecht, daß jeder Typus einer lokalen sozialen Struktur seinen eigenen funktional adäquaten Komplex an Ähnlichkeiten bzw. Verschiedenheiten begünstigt oder notwendig macht."

163 "Engste Freunde" ist eine Definition des Einzelnen, man muss hier zwischen Quantität und Qualität unterscheiden. So kann man einen sehr engen Freund haben und sonst nur entfernte Bekannte - man gibt einen engen Freund an. Oder man hat vier bis fünf engere Bekannte und gibt davon dann drei als Freude an. Es wird nicht deutlich, ob und wie Lazarsfeld/Merton "engste Freunde" in der Befragung definiert haben.

164 geb. 5.7.1910, Parsons-Schüler, Weiterentwickler und praktischer Anwender der strukturell-funktionalen Theorie; glaubt, dass noch keine Totaltheorie möglich ist (mangels des theoretischen und empirischen Forschungsstands) und versucht deshalb Einzelvorgänge zu Theorien mittlerer Reichweite zu vereinigen

165 im Original, Lazarsfeld/Merton, a. a. O., S. 25: "In principle, one phase is said to "generate" the next when the conditons obtaining at one time prove to be both necessary and sufficient for the relationship obtaining at the next time of observation."

ships to form between those who differ in some designated respect"[166]. Das Problem der Freundschaften zwischen Verschiedengesinnten und des Nichtentstehens von Freundschaften zwischen Gleichgesinnten wird durch den Begriff der Tendenz in der Definition gelöst. Merton unterscheidet zwischen den Graden der homophily und heterophily als Maß der positiven und negativen Korrelation.

Davon ausgehend, dass der interpersonale Beziehungsprozess in Form und Dynamik durch persönliche Einstellungen geprägt ist, untersucht Merton die Freundschaften unter der Bedingung gesellschaftlich relevanter Werte. Solch ein relevanter Wert war in Hilltown die Einstellung zum gemeinsamen Wohnen Weißer und Schwarzer; es gab etwa gleich viele weiße wie schwarze Familien. In Crafttown wäre ein vergleichbarer Wert die politische Haltung gewesen; in der weiteren Auswertung wurde aber nur auf Hilltown eingegangen. Es gibt vier mögliche Haltungen, wovon eine nicht vorgefunden wurde:

1. Weiße und Schwarze sollen zusammen in Projekten wohnen, kommen in Hilltown gut aus, liberale Meinung
2. sie sollen getrennt wohnen, in Hilltown versagt gemeinsames Wohnen, unliberale Meinung
3. sie sollen getrennt wohnen, geben aber zu, es in Hilltown organisiert zu haben, ambivalente Meinung
4. für gemeinsames Wohnen, aber in Hilltown klappt es nicht, weitere ambivalente Meinung - nicht gegeben

Wenn nun die Theorie der Wertehomogenität stimmt, so müssten die Liberalen ihre Freunde hauptsächlich oder ausschließlich bei Liberalen finden, zumindest wesentlich mehr aus diesem Bereich wählen als der Durchschnitt der Gesamtbevölkerung, ebenso andersherum die Unliberalen. Die Untersuchungsergebnisse zeigen folgendes: Liberale über-selektieren Liberale zu 43%, unterselektieren Unliberale zu 53%; Unliberale über-selektieren Unliberale zu 30%, unter-selektieren Liberale zu 39%; Ambivalente wählen aus allen drei Bereichen ähnlich. Es zeigt sich also eine Tendenz zur Über-Wahl der gleichen Gesinnung

166 ebd., S. 23

und noch deutlicher eine Unter-Wahl verschiedener Gesinnung. "Es scheint sich zu bestätigen, daß Menschen in hohem Maße dann ähnliche Freunde auswählen, wenn es um bestimmte und lebensorganisatorisch wichtige Momente geht. Im Extremfall besitzt man nur Freunde, die in dieser Hinsicht dieselbe Meinung teilen."[167] [168]

Im zweiten Abschnitt behandelt Merton die Dynamik der Wertehomogenität. Bisher wurde nur ein Zeitpunkt in der Freundschaft betrachtet, das sagt zwar etwas über die Wahl der Freunde aus, nicht aber über den Prozesscharakter der Beziehung. So ist nicht zu erkennen, ob eine Freundschaft gerade entsteht, schon lange besteht und etabliert ist oder gerade in ihrer Auflösung begriffen ist; aufgelöste Freundschaften sind der Untersuchung beispielsweise gar nicht mehr zugänglich. Und nicht nur die Werte selbst, sondern auch der Zeitpunkt in der Beziehungsgeschichte an dem gleiche oder verschiedene Werte aufeinandertreffen ist für die Entwicklung und unterschiedliche Beziehungsdynamik von Bedeutung. Wertekomplexe sind weiter nicht statisch, sondern wandeln sich permanent. Dies soll anhand diverser Modelle verdeutlicht werden:

1. gleiche Werte

1.1. die Freundschaft befindet sich in ihren Anfängen, identische bzw. kompatible Werte werden festgestellt, der erste Kontakt ist eher befriedigend und motiviert zu weiterem Kontakt oder zumindest nicht dazu diesen zu vermeiden; werden beim ersten Kontakt diese Ähnlichkeiten nicht entdeckt, weil sie nicht Thema werden, kann es auch zu Kontaktabbruch kommen (dieser beruht dann nicht auf verschiedenen Werten)

1.2. wenn die Werte lange kein Thema waren, die Freundschaft aber trotzdem gebildet wurde, wird das Entdecken der gleichen Einstellung als gegenseitige Gratifikation angesehen, evtl. Festigung der Freundschaft

2. verschiedene Werte

2.1. steht die Freundschaft am Anfang und radikal verschiedene Werte werden

---

[167] Nötzoldt-Linden, a. a. O., S.68

[168] vergleichbar mit der Übereinstimmung der verschiedenen Kapitalien und den daraus folgenden oder überhaupt nur dadurch möglichen Beziehungen bei Bourdieu, der auch auf Freundschaft und Liebe eingeht. Bourdieu, Pierre: Die feinen Unterschiede. Kritik der gesellschaftlichen Urteilskraft, Frankfurt/Main, 1996. S. 373f u. a.

entdeckt, führt dies zum Abbruch, weiterer Kontakt wird vermieden

2.2. zeigen nicht beide offen ihre Meinung, schweigt z. B. einer um den Status zu erhalten, wird es oft problematisch: der spätere Kontakt wird Selbstvernichtung oder bietet Möglichkeit zur Selbstverachtung, der stille Partner wird versuchen den Kontakt ohne offenen Konflikt zu vermeiden

2.3. wird die Meinung über die Werte anfangs nicht ausgetauscht und die Partner lernen sich näher kennen, erhalten gegenseitige Gratifikationen auf anderen Gebieten, und bemerken dann erst die verschiedenen Meinungen, so ist dies leichter tolerierbar als in der fragilen Anfangsphase, die weitere Entwicklung hängt ab von der Festigkeit und dem Entwicklungsstand der Freundschaft: eine Möglichkeit ist die Wertemodifizierung und Angleichung an den Partner, die Freundschaft bleibt erhalten; im Geben und Nehmen der Freundschaftsbeziehung tendieren Wertedifferenzen zur Reduktion und wechselseitigen Anpassung wenn beide gleich in die Beziehung eingebunden sind oder zur einseitigen Anpassung des stärker involvierten wenn sie verschieden eingebunden sind. Es kann auch zu Konvergenzprozessen, zur Schaffung gemeinsamer neuer Wertigkeiten, kommen. Diese Angleichung und Verschiebung wird später gut sichtbar in den Statistiken Lazarsfelds. Aber nicht immer gleichen sich die Freunde an: es kommt zur Wahl zwischen Werten und Freundschaft. Es kann an dieser Stelle zum klaren Bruch kommen. Wollen die Freunde weder die Werte noch die Freundschaft aufgeben, kann es zu einem Kompromiss kommen, etwa der Art, dass sie zur Wertedifferenz stehen, aber dieses Thema ausklammern und tolerieren. Stark abweichende Werte können dagegen zu einer Serie von Krisen führen und damit oft zu Feindschaft - aber nicht jeder offene Konflikt muss destruktiv sein, wenn die Freundschaft mehr bedeutet als die differierenden Werte. Deutlich wird hier der Prozesscharakter der Freundschaft: in sozialen Beziehungen fungieren Werte und enge persönliche Bindungen fortlaufend wechselseitig sowohl als Ursache als auch Wirkung, sie modifizieren und werden vom anderen modifiziert.[169]

---

169 im Original, Lazarsfeld/Merton, a. a. O., S. 36: "At bottom, the model represents merely an extended application to the special case of friendship of the hard-won sociological com-

4.7.2. Paul Felix Lazersfeld

Im zweiten Teil der Studie formalisiert Paul Felix Lazarsfeld[170] die vorigen Daten methodologisch. Dies geschieht einerseits um ein logisches Schema für die weitere Analyse des Prozesses in der Freundschaftsbildung zu erlangen, andererseits um Aspekte aufzuzeigen, wie ein solches Schema auch für andere soziale Prozesse verwendet werden kann. Dazu ergibt jede der Grundaussagen von vorne eine oder mehrere von vier Basisoperationen, die in einen bestehenden Formalismus gebracht werden können, so dass kein neues Schema von Nöten ist.

Für eine erste Umformulierung des Problems[171] ist es nötig alle als liberal oder unliberal einzuordnen, ebenso wie in Freundschaftspaare und Nichtfreundschaftspaare. Eine erste Auswertung ergibt folgendes Bild mit klarer Relation zwischen gleichen Werten und Freundschaftsbildung:

	Freunde	Nicht-Freunde
gleiche Werte	150	50
ungleiche W.	50	150

Um den Prozess der Freundschaft aufzuzeigen bedarf es der Zeitdimension und somit mindestens einer weiteren Periode. Lazarsfeld ergänzt hier mit der Anfangssituation:

Zeit I

	Freunde	Nicht-Freunde
gleiche Werte	100	100
ungleiche W.	100	100

Zeit II

	Freunde	Nicht-Freunde
gleiche Werte	150	50
ungleiche W.	50	150

---

monplace that, in noncoerced social relations, common values and strong personal attachments act both as cause and effect, modifying and in turn being modifyied by one another."

170 13.2.1901-31.8.1976, tätig in der empirischen Meinungsforschung und Wahluntersuchungen, versucht ausgehend vom Mikrobereich auf Massenkommunikation zu schließen

171 an späterer Stelle (mit der Einführung neuer Variablen in den Auswertungstabellen) könnte auf realistischere Situationen wie einseitige Freundschaft und neutrale Einstellung eingegangen werden

In Zeit I gab es noch keine oder keine klare Relation zwischen Freundschaft und Werten, in Zeit II (6 Monate später) gab es eine Relation: harmonische Beziehungen (mit gleichen Werten) wurden frequentierter.

Weiter interessieren nun die Veränderungen der Freundschaften in der Zeit; diesen Prozess macht ein sixteen-folder table sichtbar. Aus ihm werden anschließend die Sequenzregeln (Sequenz verstanden als ein Wechsel zwischen den Zellen, Sequenzregel als Begründung für einen Zellwechsel) abgeleitet:

Zeit I	Zeit II FA ++	FA +-	FA -+	FA --	
FA ++	**50**	(1a) 20	10	20	100
FA +- (3)	(2a) 30	(2) **20**	0	(2b) 50	100
FA -+	50	0	**40**	10	100
FA --	20	(1) 10	0	**70**	100
	150	50	50	150	

F = friendship/Freundschaft, A = agreement/Zustimmung
fett = konstante Variablen, _=Umkehr beider Variablen, ( )=siehe Anmerkungen

Aus der Tabelle ist abzulesen wie viele Personen zu welchem Zeitpunkt die einzelnen Variablenaufteilungen teilten. Beispielsweise Zeile 1: von den 100 Freunden mit gleichen Meinungen zu Zeit I blieben 50 Freunde mit gleicher Meinung zu Zeit II; 20 blieben Freunde, hatten aber verschiedene Meinungen (=ein Partner wich von der bisherigen Meinung ab oder zeigte seine differierende Meinung erst jetzt); 10 waren keine Freunde mehr, teilten jedoch die gleiche Meinung (=verschiedene Werte zu anderen wichtigen Themen oder persönliche Ablehnung verhinderten eine Freundschaft) und 20 hatten weder Freundschaft noch gleiche Werte.

Anhand dieser Tabelle stellt Lazarsfeld nun die oben erwähnten Sequenzregeln auf. Sie haben verschiedene Komplexität, je nach dem für wie viele Sequenzen sie gelten - am einfachsten sind Regeln für die einzelne Zelle zu finden.

(1) Von -- zu +- widerspricht der Annahme, dass nur eine lang bestehende Freundschaft Differenzen aushält, es werden sogar neue ungleiche Freundschaften gebildet; (1a) und (2) zeigen, dass auch bestehende Freundschaften verschiedenen Meinungen standhalten.

(2) Bei +- zu bleiben widerspricht der Annahme, dass sich verschiedene Meinungen angleichen oder zum Bruch führen müssen, es zeigt, dass Kompromisse möglich sind, im Gegensatz dazu (2a) Angleichung und (2b) Bruch der Freundschaft.
(3) (gesamte Zeile) Muss Ablehnung am Anfang zum Bruch führen? Dies würde eine Bevorzugung von +- zu -- bedeuten, welche auch ablesbar ist, vgl. (2b). Führen ungleiche Werte bei einer bestehenden Freundschaft eher zur Angleichung oder zum Abbruch als zu einer bleibenden Differenz? Anders gefragt: ist der Wechsel +- zu ++ oder -- häufiger als bleiben bei +-? Ja, denn 80 von 100 haben sich in eine der beiden Richtungen entschieden, nur 20 blieben.
Zu den Veränderungen von -+ sind keine Regeln aufzustellen, da kein Kontakt herrschte; außer bei -+ zu ++, diese Freundschaften dürften wohl auf ein erst späteres Kennenlernen zurückzuführen sein, etwa bei gemeinsamer Vereinsarbeit. Dazu Lazarsfeld: "The end result is that these will become friends in a larger proportion of cases than those with disparate values who are less likely to meet through the same organizations or, if they meet, to establish mutual friendships."[172]

Betrachtet man die disharmonischen Paare (Zeile 2 und 3) genauer, stellt man fest, dass, wie oben schon für Zeile 2 aufgezeigt, 140 von 200 harmonisch wurden (entweder Angleichung der Werte oder Abbruch der Freundschaft). Nur 60 blieben disharmonisch, keines der Paare wechselte in die entgegenliegende Disharmonie. Fragt man weiter, was wichtiger ist, die Werte oder die Freundschaft, kommt man zu Folgendem[173]:

+- zu ++ 30, Angleichung, die Freundschaft ist wichtiger als die Werte
+- zu -- 50, Trennung, die Werte sind wichtiger als die Freundschaft
-+ zu ++ 50, späteres Kennenlernen, vgl. oben
-+ zu -- 10, einer weicht von der bisherigen Meinung ab

---

172 ebd., S. 44

173 Klar ist, dass diese Begrenzung der Frage auch zu Fehlern führen kann; so sind verschiedene Werte nicht immer Ursache der Trennung, sondern evtl. persönliche Gründe ihre Ursache.

80 glichen sich an, 60 trennten sich - allerdings ist diese Aussage verschwommen. Geht man nur von denen aus, die zu Zeit I eine bestehende Freundschaft hatten, so glichen sich 30 an und 50 trennten sich. Eine Trennung scheint der einfachere Weg zu sein, anstatt sich mit einer differierenden Meinung auseinander zu setzen. Dies zeigt wieder, wie wichtig gleiche Meinung (z. B. in einem hier so wichtigen Wert wie gemeinsames wohnen der Rassen) in einer Freundschaft ist.

Wie sehen die Freundschaften bzw. ihre Verteilung in einer weiteren Periode aus? Wie sieht etwa der Verlauf von ++ zu +- weiter aus? Wird das Entdecken verschiedener Meinungen die Freundschaft zerstören? Werden die Freunde sich in ihren Meinungen wieder angleichen? Oder werden sie die Disharmonie aushalten? Weiter kann man fragen, in wie weit die Geschichte die Zukunft beeinflusst? Ist die Zukunft für +- zu ++ eine andere als für -+ zu ++, von -- zu ++ oder bleiben bei ++? Lazarsfeld bildet anhand der "Idee von Gleichgewicht" mathematische Wahrscheinlichkeiten[174] zum weiteren Freundschaftsverlauf. Bedingung ist, dass keine neuen Faktoren das System beeinflussen oder gar zerstören und, dass die Regeln konstant bleiben[175]:

	Zeit I	Zeit II	Zeit III	oder
++	100	150	145	133
+-	100	50	55	57
-+	100	50	35	24
--	100	150	165	186

Warum kommen die Freundschaften nicht zu voller Homogenität, ja, gibt es sogar Brüche in bestehenden Freundschaften mit gleichen Werten (++ zu -+)? Dies kann sowohl äußere Gründe in der Person haben, wie oben angedeutet, als auch aufgrund anderer Wertedifferenzen, die den Beteiligten wichtig erscheinen, gemeinsames Wohnen der Rassen ist nicht der einzige ausschlaggebende Wert. Weiter kann der Wunsch nach Veränderung zum Abbruch der Freundschaft führen, wenn es einem oder beiden Beteiligten zu langweilig wird.

[174] mehr dazu ebd.

[175] ändern sich die Regeln, etwa wegen eines Umschwungs von Wertegleichheit zu Werteverschiedenheit als Trend - eher unwahrscheinlich -, so ändert sich auch das Freundschaftsverhalten

In einem weiteren Schritt geht Lazarsfeld auf den schon bei Merton angesprochenen Nichtausdruck der differierenden Werte ein; Merton hatte dies mit Angst vor Statusverlust oder Ähnlichem begründet. Wie oben schon näher erläutert, ist ein Aspekt die Frage des Zeitpunkts, wann man dieses Thema zum Ausdruck bringt, um die entstandene Freundschaft so wenig wie möglich zu gefährden, wenn die Freundschaft mehr bedeutet als die Werte. Wie aber verhalten sich die 100 mit Freundschaft und verschiedenen Werten (+-) aus Zeitperiode I im weiteren Verlauf - mit der ergänzenden Variablen, ob die abweichenden Werte thematisiert wurden oder nicht?

Zeit II

	FA ++	FA +-	FA -+	FA --	
Thema	10	5	0	30	45
kein Thema	20	15	0	20	55
	30	25	0	50	100

Jeweils der geringste Teil blieb bei Freundschaft und verschiedenen Werten, wie schon oben in anderen Bereichen zu sehen war. Eine totale Umkehr zu gleichen Werten aber keine Freundschaft gab es in keinem Fall. 30 von 100 blieben Freunde und glichen ihre Werte an, dabei hatten nur 10 die differierenden Werte thematisiert. Auf der anderen Seite brachen 50 die Freundschaft ab, hier hatten es 30 thematisiert. Die Hälfte der Freundschaften wurde abgebrochen, aber nur in 45 Freundschaften wurden die verschiedenen Werte zum Thema.

Abschließend geht Lazarsfeld noch auf weitere Möglichkeiten in Freundschaften, wie beispielsweise die einseitige Freundschaft bei Teilzustimmung, ein. Auch könnten die Daten noch aufgrund der Entwicklungsstufen der Freundschaft (entstehen, bestehen, auflösen) aufbereitet werden, dies käme dann einer je neuen Variablen gleich und führte zu mehr Möglichkeiten in einer Tabelle (vgl. sixteen-folder table oben). Eine andere Theorie stellt er auf, indem er meint, die Leute wechselten die Freunde häufig und gerne um so verschiedene intellektuelle Erfahrungen machen zu können, also so viele Möglichkeiten des Lebens wie nur möglich kennen zu lernen. Diese neuen Freunde haben dann andere Ansichten als die bisherigen Freunde.[176] Wie "haltbar" und eng diese Beziehungen sind bringt er nicht zum Ausdruck.

Lazarsfeld/Merton verzichten in ihrem Prozessmodell auf eine explizite Definition der Freundschaft; implizit ist jedoch abzulesen, dass es gemeinsamer Werte und persönlicher Zuneigung bedarf um Freundschaft zu bilden und zu erhalten. Die Werte der Freunde bilden sich auf Grundlage der wichtigen Werte der jeweiligen Gesellschaft und unterliegen wiederum selbst einer gesellschaftlichen Dynamik: die inneren Werte der Freundschaft (Mikroebene) korrespondieren mit den gesamtgesellschaftlichen Werten und Ereignissen (Makroebene), sind somit nichts statisches, sondern veränderbar.

Werteheterogenität kann Freundschaften erschweren oder verhindern. Wie oben geschildert, ist es für die weitere Entwicklung (oder das Entstehen) der Freundschaft nicht gleichgültig, in welcher Beziehungsphase Wertehomogenität oder -heterogenität zum Vorschein kommen; hiervon kann Fortbestehen oder Bruch der Freundschaft abhängen.

Mindeste Funktion der Freundschaft bei Lazarsfeld/Merton ist es, die Gleichgesinnten zu stützen, um sich gemeinsam in der heterogenen Welt zu etablieren.[177]

"Der Ansatz verweist auf verschiedenste interdependente Einflußfaktoren:

- Freundschaft ist theoretisch und empirisch zu verorten
- Freundschaft ist gebunden an personale Einstellungen und deren handelnde Umsetzung im jeweiligen Beziehungsstadium
- Freundschaft ist abhängig von situativen Erfordernissen
- Freundschaft entwickelt sich im Verbund mit dem soziokulturellen Umfeld und den gesellschaftlichen Gegebenheiten."[178]

---

[176] vgl. im Original, ebd., S. 53: "It is possible to develop a theory which assumes that people have a tendency to change friends frequently and are eager for varying intellectual experiences; therefore, they prefer their new friends to have different opinions than did their old ones."

[177] genauere Ausführungen hierzu in Kapitel 3.8., Vereinsbildung im 19. Jahrhundert

[178] Nötzold-Linden, a. a. O., S. 70

4.8. Gerald D. Suttles

Gerald D. Suttles[179] sieht, dass zwar bekannt ist, dass Freunde häufig den gleichen Status haben, für einander attraktiv und bedeutsam sind und sich häufig treffen, aber über die Muster der Institution Freundschaft und ihre soziale Funktion nur wenig bekannt ist. Freundschaften gewinnen gerade dort an Wert, wo Verwandtschaft, Nachbarschaft, Gleichaltrigengruppen, Arbeitsgruppen, ethnische Gruppen oder andere soziale Gruppen versagen oder ihre Grenzen haben. Freundschaft füllt diese Lücken aus, übernimmt die bisherigen Funktionen der anderen Sozialbeziehungen, erfüllt eine "Brückenfunktion". Darüber hinaus bietet Freundschaft die Möglichkeit über Grenzen hinwegzugehen, aus dem Rahmen zu fallen. Freundschaften können zwischen Gruppen als auch in ihnen entstehen. Zudem können Menschen aus vollkommen verschiedenen Gruppen Freunde werden, Freundschaft stiftet hier "einen Hauch von Gleichheit". Suttles weiß jedoch, dass dies Grenzen hat, eine Freundschaft zwischen Statusgleichen beispielsweise wahrscheinlicher ist, Freundschaft stark Verschiedenaltriger unwahrscheinlicher ist. "But while all other forms of affilitation have discrete limits, friendship is always possible even between the most disparate groups."[180] Freundschaft findet zwischen Personen direkt statt, im persönlichen Verkehr. Sie steht nicht im öffentlichen Interesse, so können Menschen befreundet sein oder sich trennen, es verändert ihren sozialen Status nicht - im Gegensatz zu einer Hochzeit oder Scheidung.

Freunde sind einander positiv zugetan als "person qua person", nicht aufgrund irgendwelcher Vorteile die der andere durch die Freundschaft erlangen kann (etwa Geld oder höheren sozialen Status); durch solchen Utilitarismus oder Selbstinteresse würde die wahre Freundschaft diskreditiert. Freunde sind nicht austauschbar durch andere Vertreter ihrer Klasse oder mit gleichen Persönlichkeitsmerkmalen. Austausch in Freundschaften wird nicht an öffentlichen Maßstäben, sondern am individuellen Geschmack, Bedarf und Vorlieben des real

---

179 arbeitete u. a. über Städtesoziologie und interethnische Beziehungen, gewähltes Mitglied der American Association for the Advancement of Science

180 Suttles, Gerald D.: Frienship as a Social Institution, in: McCall, G. J. et al.: Social Relationships, Chicago, 1970. S. 98

self[181] des anderen gemessen. Jeder Austausch bedeutet einen Ausdruck des jeweiligen real self und der Freundschaft. Es wird freiwillig, ohne Hoffnung auf erfolgende Rückleistung, gegeben. Im Normalfall erfolgt langfristig eine Rückleistung, da diese Reziprozität als Charakteristikmerkmal des anderen real self und als Grundlage einer Freundschaft angesehen wird.

Woran erkennt man denjenigen, den man "sucht", wie sieht man sein real self im sozialen Leben? Suttles geht davon aus, dass sich das real self in Verhaltensabweichungen zu sozialen Regeln präsentiert. Es ist das, was jemanden hervorhebt aus der Masse. Beispielsweise präsentiert jemand sein real self auf einem Bankett, wenn er dort seiner Tischdame einen "dreckigen Witz" erzählt. Das real self zu zeigen bedeutet seine eigene Identität darzustellen und preiszugeben. Je enger die Regeln sind, desto mehr Raum hat der Einzelne seine Persönlichkeit darzustellen, um abzuweichen. Und je genauer die Regeln bekannt sind, desto leichter wird es abzuweichen - Angehörigen aus unteren Schichten wird z. B. unterstellt diese Regeln nicht so genau zu kennen, sie werden mehr Mühe haben eine Abweichung wirksam darzustellen. Auch eine übertriebene Darstellung der Regeln ist als Abweichung zu werten. Als Maß der Abweichung gelten immer die in der entsprechenden Situation und Gruppe gültigen Normen. Die handelnde Person muss bei aller Selbstdarstellung allerdings immer bedenken, dass sie hinterher mit dem beschädigten Selbstbild weiterleben muss.

Hier werfen sich einige Fragen auf: Was geschieht, wenn sich alle gemäß ihres real self verhalten und niemand mehr nach den vorgegebenen Normen? Was wenn jemand nun genau so jemanden, der sich regelgerecht verhält, sucht? Was wenn das dargestellte real self nur eine Fassade ist um aufzufallen oder zu gefallen? Dies würde wohl im Prozess des näheren Kennenlernens enttarnt, nur nicht in diesem Moment! Wie kann der andere Akteur erkennen was Norm, real self oder Fassade ist? Und in wie weit ist der Grad der Abweichung von Bedeutung bei der Auswahl eines Freundes? Denn zwischen charmanter und rüpelhafter Abweichung ist es nur ein schmaler Grad!

---

181 real self im Gegensatz zu social self, vergleiche auch bei Erving Goffman: Stigma. Über Techniken der Bewältigung beschädigter Identität, Frankfurt/Main, 1967.

Abweichung alleine macht aber noch keine Freundschaft, sie zeigt das Individuum und macht mit dessen real self bekannt. Anschließend kann eine Entscheidung zum näheren Kennenlernen und zur Freundschaft getroffen werden. Gemeinhin ist Freundschaft eher die Ausnahme statt die Regel!

Das Bilden einer eigenen Moral zwischen den Freunden ist ein erster Schritt der Freundschaft ihre eigene Form zu geben, sie von anderen Beziehungen zu differenzieren. "In this sense, friends are a little like partners in crime; it is their expressed views of society and not society alone that binds them together."[182] Dadurch entsteht ein öffentlicher und ein privater Raum; Freundschaft ist im privaten angesiedelt. Fallen öffentlicher und privater Raum zusammen, so tun dies auch das social self und das real self, beispielsweise bei Insassen totaler Institutionen.[183] Freundschaft ist weder eine vorgeschriebene noch eine vorgegebene Institution, und doch ist es eine strukturierte und ordnende Institution. Freundschaft verlangt eine systematische Verletzung der öffentlichen Moral und kann dabei genauso zwingend und einschränkend sein wie jede andere Beziehung. "The logic of friendship is a simple transformation of the rules of public propriety into the opposite. Friends can touch each other where strangers cannot. [...] Friends can entertain subversive or utopian political ideologies that would be laughed at in public circumstances."[184] Freundschaft bietet Schutz gegen die Meinung anderer Leute und festigt so das Selbst, indem es dies in seinen Besonderheiten bestätigt. Der Ausgangspunkt und die Grundlage der eigenen Moral sind die öffentlichen Regeln, von ihnen wird in der Freundschaft verschieden stark abgewichen, sie werden auf verschiedenste Art umgangen. "Öffentliche Regeln fungieren als Matrix und Prüfstein zur Darstellung des Selbst und zur Ausweitung von Freundschaft. Letztere entsteht im Bereich zwischen Normkonformität und Normdistanz in der Situation."[185] Ist diese interne Moral einmal gefunden, so wird sie beibehalten, repräsentiert die beiden real self. Dies stabilisiert die Freundschaft und schränkt den Handlungsspielraum der Freunde ein.

---

182 Suttles, a. a. O., S. 109

183 vgl. Goffman, Stigma, a. a. O. und Suttles, a. a. O., S. 111 ff

184 ebd., S. 116

185 Nötzoldt-Linden, a. a. O., S. 73

Da diese gemeinsamen Werte nur in kleinen Gruppen zu schaffen sind, bedingt dies eine Begrenzung der Freundeszahl. Es sind nicht beliebig viele in dieses Verhältnis aufzunehmen: andere werden ausgegrenzt, Freundschaft ist exklusiv. Ein Zeichen für die Stärke einer Freundschaft ist es, wie weit der andere in den persönlichen Raum des anderen eindringen darf. Suttles exemplifiziert dies an den verschiedenen Räumen einer Wohnung: Das Wohnzimmer ist der öffentlichste Raum, ihm folgt die Küche - hier sind sich die real self schon näher. Das Teilen des Schlafzimmers oder gar des gleichen Bettes sind weitere Intimitätsstufen. Die höchste Stufe ist die gemeinsame Benutzung des Badezimmers. Ebenso zeigt sich Intimität daran, wie weit der andere an meinen Körper darf, darf er mich etwa zur Begrüßung umarmen, so ist er mir näher als der, dem ich die Hand schüttle, aber entfernter als der, mit dem ich Arm in Arm weitergehe. Wichtig ist, dass wenn man einen Schritt einmal gegangen ist, die Nähe zugelassen hat, man nicht mehr zurückkommt (außer wenn die Beziehung ganz abgebrochen wird). Man befindet sich immer an dem "point of no return".[186]

Freundschaften resultieren aus und bestehen auf Grundlage persönlicher Auswahl, die selten und inkonsequent erfolgt. Passen Menschen nicht zueinander, so ruft ein "early warning system"[187] zum Rückzug auf, bevor es zu größeren Konflikten kommt. Freunde werden nur gewechselt oder aufgegeben wenn es sein muss (sie sich als "falsch" erweisen), da sie "zu viel" voneinander wissen um dies bedenkenlos zu tun.
Es gibt verschiedene strukturelle Barrieren für Freundschaften. Die offensichtlichste ist Statusdifferenz. Dies bedeutet nicht, dass Personen verschiedenen Status niemals Freunde werden können, "nur", dass sie wahrscheinlich Probleme haben werden, wenn sie Freunde sind. Die substantiellste Barriere ist die Asymmetrie der persönlichen Information wie etwa zwischen Arzt und Patient oder Anwalt und Klient, der Informationsfluss ist hier sehr einseitig. Der Umkehrschluss aus dieser Aussage ist, dass gleiches Wissen über den anderen auf beiden Seiten und Offenheit in einer Freundschaft nötig sind.
Freundschaft ist als warme, dauernde und sehr sichere Beziehung bekannt, wir

186 Suttles, a. a. O., S. 132
187 ebd., S. 118

wissen nur sehr wenig über die innere Unruhe, Langlebigkeit und besondere Moral der Freundschaft. Um dies zu beschreiben brauchen wir zwei verschiedene Sprachen, eine um die objektiven Umstände für das Bestehen der Freundschaft zu erklären, die andere um die Bedeutung, die die Menschen in diese Umstände legen zu beschreiben. Freundschaft erfährt nach der anfänglichen honeymoon-Phase eine Stagnation, sie bedarf neuen Materials. Dies kann beispielsweise durch nach außen gerichtete Demonstration der Freundschaft und der mit ihr verbundene Gemütsverfassung der Freunde geschaffen werden. Freundschaft muss ständig erneuert werden und kann nicht aufgrund vorgeschriebener sozialer Regeln vorausgesetzt werden. Wie andere Sozialbeziehungen, können auch Freundschaften zerbrechen, manche Freunde werden sogar zu Feinden bevor sie sich trennen.

Suttles sieht im Verstehen von Freundschaft eine Möglichkeit die Strukturen sozialen Lebens der Gesamtgesellschaft zu verstehen: "Friendship presents one of the little dramas of everyday life, and by understanding it we may be able to tease out some of the generic patterns of social life where prescriptive norms do not tell the full story."[188]

4.9. Samuel Noah Eisenstadt

Samuel Noah Eisenstadt[189] stellt fest, dass so gut wie jede Gesellschaft eine Vielfalt von Freundschaftsmustern und eng verwandten Verhaltens (z. B. rituelle Verwandtschaft) hervorgebracht hat. Diese differierenden Muster entstehen in verschiedenen gesellschaftlichen Sektoren, keine Gesellschaft ist nur durch ein Muster gekennzeichnet. Die Variationen sind weder zufällig noch unabsichtlich. So wurde beispielsweise in früheren Studien gezeigt, dass in einer universalistischen Gesellschaft keine rituelle Freundschaft zu finden ist und in einer partikularistischen Gesellschaft keine nicht-institutionalisierte Freundschaft. Dies bedeutet, dass bestimmte Gesellschaftsformen bestimmte Freundschaftsformen bedingen und diesen den Weg bereiten.

---

188 ebd., S. 129

189 10.9.1923, arbeitet an Emigrationssoziologie und Generationensoziologie, stark gesellschaftsvergleichend und dabei strukturanalysierend

Eisenstadt definiert Freundschaft in Abgrenzung zu Verwandtschaft und versucht dadurch ihre Bedeutung herauszufinden: Die erste wichtige Eigenschaft von Freundschaft ist ihre Freiwilligkeit, obwohl sie stark von sozio-kulturellen Faktoren, wie beispielsweise der sozialen Klasse, beeinflusst ist. Noch wichtiger ist diese Freiwilligkeit im Zusammenhang mit der ambivalenten Beziehung zwischen Freundschaft und Verwandtschaft. Diese Ambivalenz[190] zeigt sich in den einerseits absolut identischen Charakteristika und den andererseits gegensätzlichen symbolischen und organisatorischen Bedeutungen. "This paradoxical relation comes out very forcefully in ritual kinship, blood brotherhood, and similar phenomena, where kinship-like obligations are undertaken as a voluntary act - but an act that does not recreate the existing pattern of kinship and descent relations."[191] Ein gemeinsamer Kern von Freundschaft und Verwandtschaft liegt in der symbolisch-ideologischen Tatsache, dass beide relativ unkonditioniert auf einigen Komponenten der persönlichen und kollektiven Identität beruhen - was nichts anderes bedeutet, als dass beide idealerweise auf dem jeweils einzigartigen der Person aufbauen und die Betroffenen sich vorbehaltlos annehmen. Aber weder Freundschaft noch Verwandtschaft sind notwendig nicht-instrumentell oder zweckfrei. Beide sind angesiedelt zwischen Instrumentalität und Machtbeziehung einerseits und Solidarität und Expressivität andererseits. Die Kombination dieser Einordnung zusammen mit der Freiwilligkeit zeigt den qualitativen Unterschied zwischen Freundschaft und Verwandtschaft: "Während Verwandtschaftsbeziehungen durch Zuschreibungen zustandekommen, familiale Rollenverpflichtungen implizieren und eine statusmäßige Eingliederung in die Gesellschaft zur Folge haben, trifft dies für Freundschaft nicht zu."[192] Im Gegensatz zu Verwandtschaft, die zugeschrieben ist, müssen für Freundschaft bestimmte Zugangsvoraussetzungen erfüllt werden:

Es bedarf bestimmter moralischer Qualität, diese resultiert aus der persönlichen

---

190 Gemeinsamkeiten und Differenzen von Freundschaft und Verwandtschaft sind ausführlich dargestellt in Nötzoldt-Linden, a. a. O., Kapitel 4

191 Eisenstadt, Samuel Noah: Friendship and the Structure of Trust and Solidarity in Society, in: Leyton, Elliott (Hg.): The Compact. Selected Dimensions of Friendship, Newfoundland, 1974. S. 139

192 Nötzold-Linden, a. a. O., S. 77

Haltung und ist relativ unabhängig von bestehenden Rollenverpflichtungen; ihre Realisierung steht vor den instrumentellen Erfordernissen der Freundschaft, aber in Bezug zu ihnen. Freunde haben zwar konkrete Pflichten zu erfüllen, definieren ihre Beziehung jedoch nicht über diese - sie sind nicht einklagbar und somit freiwillige Ich-Leistung.

Ein weiteres Merkmal von Freundschaft ist ihre tiefe Bedeutung und potentielle Zerbrechlichkeit. Diese begründet sich in der besonderen Mischung partikularistischer und universalistischer Prinzipien. So sind die Freunde einander einzigartig und dennoch "bewegen sich die Selektionsprinzipien auf einer ausgesprochen universalistischen Ebene und können sich im Prinzip auf jeden Menschen richten"[193]. Fragilität entsteht aufgrund der Differenz und des Zusammentreffens instrumenteller Verpflichtungen und moralischer Anforderungen. Um diesem Problem zu entgehen, "zeigen fast alle Gesellschaften Tendenzen zur Minimierung, Verleugnung oder Absonderung der realen Verpflichtungen von den "tieferen" symbolischen Werten"[194] - es kommt zu einer Idealisierung der Freundschaft. Im Alltag treffen sich Ideal und Wirklichkeit und führen zu potentieller Zerbrechlichkeit der hochemotionalen Beziehung Freundschaft.

Ein weiteres Merkmal von Freundschaft ist bei Eisenstadt die ambivalente Orientierung an den gesellschaftlichen Werten. Freundschaft scheint sehr oft zu einem gewissen Grad gegen die institutionalisierten Pflichten zu stehen. Dabei will sie nicht revolutionieren und eine neue soziale Ordnung herbeiführen, sondern sie lehnt sich an die vorgegebenen Werte der jeweiligen Gesellschaft an und stellt ein moral-motiviertes Gegenkonzept dar. Sie symbolisiert und transzendiert somit Werte, Widersprüche und Mängel der Gesellschaft.[195]

Aus diesen Kriterien lassen sich Funktionen der Freundschaft für die Gesellschaft ablesen: Freundschaften sind Orte, an denen Vertrauen und Sicherheit konstruiert werden. Diese sind besonders wichtig, wenn zu viel Instrumentalität das Vertrauen im öffentlichen und privaten Raum in Frage stellt. Misstrauen und Unsicherheit führen dazu, das die Teilnehmer gegenseitige Absicherung im Fal-

193 ebd., S. 78

194 ebd., S. 78 - vgl. Eisenstadt, a. a. O., S. 142 und Kracauer, a. a. O.

195 Ausführungen zur Kompensationsfunktion von Freundschaften auch Nötzold-Linden, a. a. O., S. 82ff

le eines Wertekonfliktes (Prinzipien informeller Gruppen stehen denen der institutionalen Ordnung entgegen) oder bei Ziel-Mittel-Konflikten (Differenzen zwischen kulturellen Zielen und den Mitteln zu deren Durchsetzung, bspw.: Frieden durch Aufrüstung) in der Freundschaft suchen. "It is the likelihood of failure of trust in these areas that may generate the tendency to institutionalize friendship relations and cognate forms of behavior."[196]

4.10. Niklas Luhmann

Niklas Luhmann[197] definiert Freundschaft als "wechselseitiges Verständnis, Achtung und Förderung der Interessen des anderen"[198]. Als Kriterium wahrer Freundschaft gilt (seit dem 17. Jahrhundert), dass man sich in Anwesenheit des Freundes genauso ungezwungen verhalten kann wie alleine.

Freundschaft, bei Luhmann zusammen mit Liebe als Beispiel für Intimität, schließt über die Kommunikation hinaus noch Inkommunikables ein. Der Mensch entsteht erst durch soziale Interpenetration, nicht durch zwischenmenschliche - und erst sie, die soziale Interpenetration, macht den Sonderfall möglich, in dem beide (soziale und zwischenmenschliche Interpenetration) zusammenfallen[199]. Zwischenmenschliche Interpenetration ist nur durch Kommunikation[200], gleichsam die Bildung eines sozialen Systems, möglich. Wie oben schon gesagt, schließt Freundschaft zudem Inkommunikables ein, sie geht über die Möglichkeiten der Kommunikation hinaus. Dies bezeichnet einerseits die Grenze sprachlicher Möglichkeiten und die Bedeutung des Körperkontaktes,

---

196 Eisenstadt, a. a. O., S. 144

197 8.12.1927-6.11.1998, studierte Rechts- und Sozialwissenschaften, arbeitete in der Verwaltung (bis Oberregierungsrat), Schüler Parsons, ab 1968 Professor für Soziologie in Bielefeld. Der größte deutsche Systemtheoretiker unserer Zeit. Nicht Handeln, sondern Kommunikation führt zur Bildung sozialer Systeme.

198 Luhmann, Niklas: Liebe als Passion. Zur Codierung von Intimität, Frankfurt/Main, 1998. S. 127

199 zu diesem Grenzfall siehe Luhmann, Niklas: Einfache Sozialsysteme, in: Zeitschrift für Soziologie, Jahrgang 1, Heft 1, 1972. S. 51-65

200 zur Klärung des Kommunikationsbegriffs siehe Luhmann, Niklas: Was ist Kommunikation? in: Soziologische Aufklärung 6. Die Soziologie und der Mensch, Opladen, 1995. S. 113-124 und ders.: Wie ist Bewußtsein an Kommunikation beteiligt? in: Soziologische Aufklärung 6, a. a. O., S. 37-54

geht aber noch darüber hinaus: "Alter wird für Ego in Hinsichten bedeutsam, die Ego dem Alter nicht mitteilen kann. Es fehlen nicht nur die Worte, und es fehlt nicht nur an Zeit für Kommunikation."[201] Die Mitteilungen würden einen Sinn ergeben, der nicht gemeint war; gerade das fühlt man unter der Bedingung der Intimität und unterlässt es zu kommunizieren - denn in solchen Fällen versagt das "Prinzip der Kommunikation: die Differenz von Information und Mitteilung" - "Der Rest ist Schweigen."[202]

Im Gegensatz zu moraltheoretischen Ansätzen[203] sieht Luhmann das Problem als "nicht zureichend begriffen, wenn man sie [die Genese von Intimität] mit dem Schema von Egoismus und Altruismus zu fassen sucht"[204]. Theorien, die versuchen, das Problem nur anhand der gegenseitigen Gratifikationen festzumachen, verfehlen. "Man liebt, grob gesagt, nicht um der Geschenke willen, sondern um ihrer Bedeutung willen."[205]

In "Liebe als Passion" definiert Luhmann Freundschaft in Relation zur Liebesbeziehung: "Liebe und Haß geraten so in enge wechselseitige Abhängigkeit und zeichnen gemeinsam eine Beziehung aus, die sich von Freundschaft unterscheidet."[206] In der Liebe zählt die Bewegung, das ständige durch sie angetrieben sein - im Freundschaftskonzept gelten dagegen umgekehrt Konstanz und Ruhe als die Merkmale, die diese Beziehung in ihrer Perfektion kennzeichnen. In der Liebe soll der Einzelne identisch bleiben und im anderen aufgehen, in der Freundschaft genau umgekehrt: das alte Ideal der zwei Seelen in einer Brust, "die Selbstverdoppelung durch Aufnahme des Anderen in sich selbst".[207]

Das Zusammenspiel von Freundschaft und Liebe im historischen Abriss betrachtet Luhmann in einem weiteren Abschnitt. Im 18. Jahrhundert wird die "Liebe als Pflicht" in "Liebe als Sympathie" umgewandelt und so dem Freundschaftsideal angeglichen. Mit den Bemühungen, den Liebescode auf innige

201 Luhmann, Niklas: Soziale Systeme, Frankfurt am Main, 1996. S. 310
202 ebd.
203 vgl. Kapitel 4.12. Blum/Friedman
204 Luhmann, Soziale Systeme, a. a. O., S.305
205 ebd.
206 Luhmann, Liebe als Passion, a. a. O., S. 87
207 ebd., S. 178, vgl. auch Kracauer, a. a. O.

Freundschaft umzustellen, folgte eine Veränderung der Vorstellung von Ehe: nicht auf Basis von Liebe, sondern auf der der Freundschaft, die nur durch Liebe induziert wird. Für eine gewisse Zeit schien es, als ob die liebevolle Freundschaft den Unterschied der Geschlechter verschwinden ließe, wäre da nicht das "Störproblem der Sexualität"[208], das zu einer Unterscheidung zwingt. Letztlich hat doch die Liebe das Rennen gemacht und den Code für Intimität bestimmt; vermutlich, weil Freundschaft sich "trotz aller Privatisierung und aller Unterscheidung täglicher und absonderlicher Freundschaft [...] als nicht abgrenzbar, als nicht ausdifferenzierbar erwies."[209] Und somit gilt zumindest für diese Frage: "Liebe gewinnt."[210]

4.11. Keith E. Davis

Auch Keith E. Davis vergleicht in seiner Untersuchung[211] Freundschaft mit Liebe, er hat für beides feste Begrifflichkeiten und Definitionen. Im Folgenden werden seine Konzepte dargelegt (der Liebesbegriff nur verkürzt) und in Verbindung gebracht.

An Freundschaften nehmen die Freunde (oder Freundinnen - im Original immer erwähnt, der einfacheren Lesbarkeit halber hier keine Differenzierung) als Gleiche einer reziproken Beziehung teil. Sie hat acht Bestandteile:

Enjoyment: Die Freunde genießen es die meiste Zeit zusammenzusein, auch wenn es Zeiten der Disharmonie gibt.

Acceptance: Sie akzeptieren den anderen so wie er ist, versuchen nicht ihn in eine andere oder neue Person zu verwandeln.

Trust: Sie vertrauen einander, dass jeder im Sinne des Interesses des Freundes handelt.

Respect: Sie respektieren einander, und glauben, dass jeder dem anderen gut rät in wichtigen Fragen.

---

208 Luhmann, Liebe als Passion, a. a. O., S. 104

209 ebd., S. 105

210 ebd., S. 147 - Der kürzeste Satz, den ich je von Luhmann gelesen habe!

211 Davis, Keith E.: Near and Dear: Friendship and Love Compared, in: Psychology Today 19, Heft 2, 1985. S. 22-30

Mutual Assistance: Sie stehen einander bei, besonders in schlechten Zeiten.
Confinding: Sie teilen Gefühle und Erfahrungen miteinander.
Understanding: Sie wissen, was für den anderen wichtig ist und verstehen, warum er handelt wie er handelt.
Spontaneity: Jeder fühlt sich frei in der Beziehung, kann sich so geben wie er ist, ohne eine Rolle spielen zu müssen.

Zu diesen acht Bestandteilen der Freundschaft kommen nach Davis Grundannahme[212] in der Liebe noch drei Bestandteile im Passion Cluster und zwei im Caring Cluster hinzu.
Passion Cluster: Fascination (der anderen Person Beachtung schenken, an nichts anderes mehr denken können), Exclusiveness (einzige Beziehung dieser Art, wird über andere Beziehungen gestellt) und Sexual Desire (körperliche Anziehungskraft).
Caring Cluster: Giving the Utmost (alles für den anderen tun, auch wenn es einem selbst ein Stück weit schadet) und Being a Champion/Advocate (absichern, dass der Partner gewinnt, ihn verteidigen).

In der Untersuchung selbst wurde, abweichend von Davis Grundannahmen, klar, dass das Enjoyment in Liebesbeziehungen höher ist als in Freundschaften - und entgegengesetzt bei der Acceptance des Anderen. Und es wurde deutlich, dass im Caring Cluster der Unterschied von Liebe zu Freundschaft, gerade der engsten/besten Freundschaft, geringer ist als angenommen. Darüber hinaus zeigte sich, dass Freundschaften stabiler sind als Liebe. Freundschaften werden seltener gelöst als Liebesbeziehungen. Ein weiteres Ergebnis der Studie war, dass der Liebespartner leichter kritisiert wird als der Freund (wahrscheinlich ob der größeren Nähe).

Freundschaft lässt sich schließlich nach Davis negativ über Liebe definieren: sie ist Liebe ohne Passion, mit weniger Schutz und Kritik, dafür stabiler.

---

212 In weiteren Untersuchungen hat er das Modell noch erweitert, auf die Darstellung wird hier verzichtet.

4.12. Ursula Nötzoldt-Linden

Der Freundschaftsbegriff von Nötzoldt-Linden enthält Elemente der meisten zuvor dargestellten Theorien und setzt sie für die heutige Zeit um. Sie definiert Freundschaft als "eine auf freiwilliger Gegenseitigkeit basierende dyadische, persönliche Beziehung zwischen nichtverwandten, gleichgeschlechtlichen Erwachsenen in einer Zeitspanne."[213] Freundschaft ist das vorläufige Ergebnis verschiedenster lang- und kurzfristiger Prozesse.
Die ideale Freundschaft gibt es für Nötzoldt-Linden nicht. Freundschaft ist "ein dynamischer, multidimensionaler Beziehungsprozeß in der Zeit."[214] Dieser wird durch bestimmte Faktoren (Gesellschaftsfaktoren, ökologische, situative und biosoziale Faktoren, Persönlichkeitsfaktoren, Interaktionsfaktoren und andere soziale Netze) beeinflusst.
Die Emotionalität in einer Freundschaft beruht auf dem Austausch echter Gefühle. Diese "Zuneigung ist zwischen Sympathie und Liebe angesiedelt."[215] Zu den Emotionen gehört auch das Vertrauen; Vertrauen bedeutet Kontroll- und Wissensverzicht, es wird in der Gegenwart hergestellt und erhalten, in Rückzug auf die Vergangenheit. Die Freunde haben eine moralische Verantwortung dem je anderen gegenüber. Innerhalb der Freundschaft wird ein eigener Moralkodex ausgehandelt, der durchaus dem, der sonst herrschenden Moral entgegenstehen kann. Freundschaften bieten Sicherheit, wobei Sicherheit nicht einen (langweiligen) Zustand der Geborgenheit meinen kann, sondern "nur" die Reduktion von Unsicherheit. Freunde sind Menschen, "where [...] I can share myself with, not just my time."[216] Oder anders: Freunde sind die, mit denen ich auch über mich selbst (und meine Probleme) sprechen kann.

In Freundschaften bieten sich viele konkrete MEs, so entsteht eine multiple Identität, ein System vieler Selbste. Freundschaften werden aus Lebenssituationen heraus geschlossen. "Freundschaften wandeln sich mit der Entwicklung der Individuen, lassen sich entweder dem Rahmen der sozialen Bewegungen an-

213 Nötzoldt-Linden, a. a. O., S. 29
214 ebd., S. 137
215 ebd., S. 175
216 Rubin, L. B.: Just Friends, New York, 1985. S. 61

passen und ausweiten oder vergehen."[217] So bringt jeder Lebensabschnitt neue Freunde, alte gehen evtl. verloren; frühere Freundschaften zeigen, was auch hätte werden können und was tatsächlich geworden ist. Unsere Freunde zeigen uns, was wir waren, was wir sind, was wir sein möchten und wovon wir uns distanzieren. "Jeder Freund hinterläßt einen Abdruck im Innern des Anderen."[218]

Strukturmerkmale der Freundschaft:[219]

Freundschaft wird von den Betroffenen selbst definiert, die aktuelle Beziehung liefert das interne Kriterium für den Gebrauch des Begriffes. Durch das 'Etikett' Freund erfolgt eine Einordnung in die soziale Struktur und wird eine primär inhaltliche Aussage gemacht über das, was dyadisch geleistet und wie es bewertet wurde. Freundschaft ist eine Primärbeziehung die auf Leistung, nicht auf Zuschreibung beruht. Es besteht kein Zwang Freundschaften zu haben, wobei es unterschwellig als Versagen gilt, wenn Freunde fehlen. "Freundschaft als universelle soziale Kategorie ist zwar eine Institution, ihre internen Regeln sind jedoch nicht institutionalisiert wie familiale Handlungen."[220] Freundschaft ist "institutionalisized non-institution"[221]. Anfang und Ende von Freundschaft sind nicht klar markiert, die Beteiligten sind für die Aufrechterhaltung zuständig - Freundschaften schweben zwischen Handlungsfreiheit und Zwang zur Handlung - es gibt keine gesellschaftlichen Bemühungen zur Aufrechterhaltung von Freundschaften. Auflösungen von Freundschaften haben auch kaum öffentlich beachtete Konsequenzen (wie z. B. Orts- oder Namenswechsel nach Scheidungen), die Konsequenzen sind eher privater, emotionaler Art.

Freundschaften beruhen auf symmetrischer Reziprozität durch gleichwertige Handlungsbeiträge in der Beziehung, zumindest auf lange Sicht. Freundschaften haben keinen definitiven Ort, sind räumlich flexibel, können sich also im öffentlichen und privaten Bereich abspielen; wichtig ist ein gemeinsamer geistiger

217 Nötzoldt-Linden, a. a. O., S. 215

218 ebd., S. 205

219 ebd., S. 144ff

220 ebd., S. 145

221 Paine, R.: An Exploration Analysis in "Middle-Class" Culture, in: Leyton, Elliott (Hg.): The Compact. Selected Dimensions of Friendship, Newfoundland, 1974. S. 128

Raum. Freundschaften sind nicht kontextfixiert und haben keine zeitliche Beschränkung, sie sind mit anderen Rollen synchronisierbar.

4.13. Insa Schöningh

Insa Schöningh untersucht die Funktion der Freundschaft in der Ehebeziehung. Durch einen (neuen) Partner verändern sich Freundschaften und ihr Blick auf sie. Andererseits wirken die Freundschaften mit an der Definition der Partnerschaft: sie können stabilisierend oder destabilisierend wirken. "Meine These [...] ist, daß persönliche soziale Beziehungen allgemein und Freunde und Freundinnen im besonderen eine wesentliche Vermittlungsrolle zwischen dem Paar und der Gesellschaft einnehmen [... Sie] gestalten den Konstruktionsprozeß Ehe entscheidend mit."[222] Hieran zeigt sich beispielhaft die Bedeutung der Freundschaft in der Gesellschaft an der Bedeutung der Freundschaft für eine real existierende weitere Beziehung.

Wie in vielen dargestellten Theorien deutlich, bedeuten Freunde Rückhalt und Festigung der Persönlichkeit, sei es der Einzel- oder der Paarpersönlichkeit. Freunde bieten die Sicht des objektivierenden Dritten, sie blicken von außen auf die Ehe. Sie sprechen Probleme an, die man selbst (noch) nicht sieht, regen zum Nachdenken an. Freundschaften können aber nicht nur nützen und die Partnerschaft entlasten (in dem man Probleme mit Freunden bespricht, Aktivitäten mit Freunden macht, auf die der Partner keine Lust hat,...), sondern sie können auch belasten, sind potentielle Konkurrenz. Der Freund "kostet" Zeit, die sonst mit dem Partner verbracht werden könnte, er teilt Dinge, aus denen der Partner sich ausgeschlossen fühlt oder tatsächlich ist.
Im Rahmen der Partnerschaft müssen sich gemeinsame Freunde finden (auch aus alten Freundschaften; das heißt nicht, dass die Partner nicht zudem individuelle Freunde haben) oder das gemeinsame Bedürfnis herrschen, keinen solchen gemeinsamen Kreis zu haben (was bedeuten kann, dass gar keine Freunde oder nur individuelle Freunde existieren). Daraus ergeben sich vier Varian-

---

222 Schöningh, Insa: Ehen und ihre Freundschaften. Niemand heiratet für sich allein, Opladen, 1996. S.68

ten: 1. einer oder beide haben individuelle Freunde, aber keine gemeinsamen, 2. einer oder beide haben individuelle Freunde und es gibt gemeinsame, 3. es gibt nur gemeinsame Freunde, 4. es gibt gar keine Freunde. Jede dieser Varianten ist tragfähig und stabilisiert die Partnerschaft, so lange die Partner beide damit zufrieden sind. Ist einer der Partner mit der Freundschaftssituation unzufrieden (sei es, weil es nur noch gemeinsame Freunde gibt, keine gemeinsamen, gar keine Freunde,...) und es wird nicht offen thematisiert, können die bestehenden Freundschaften nicht mehr stabilisieren, sie werden neutral oder sogar destabilisierend und spaltend[223].

Bei bestehenden Freundschaften kann unterschieden werden zwischen sozial unterstützenden und sozial nicht-unterstützenden Freundschaften. Sozial unterstützend sind die Freundschaften z. B. bei einer Frau, die ihre Freunde nicht mit dem Mann teilen will und nur wenige neue gemeinsame Freunde "organisiert". (Der Mann ist unzufrieden, eifersüchtig. Er erlangt dennoch Zutritt zum Freundeskreis, indem er mit einer Freundin der Frau eine Affäre beginnt.) Die Freundschaften sind für die Frau unterstützend, helfen ihr bei Ehestreitigkeiten und anderen Problemen weiter.

Sozial nicht-unterstützend sind sie im Falle einer Frau, die für den Mann alle eigenen Freunde aufgibt und dann nur noch gemeinsame mit ihm hat. Dies ist für sie nicht befriedigend, unterstützt nicht ihre eigene Persönlichkeit. Die Freundschaften waren nicht vertrauensvoll, von ihnen ist bei Problemen kaum oder kein Rückhalt zu erwarten.

Es ist nicht nur die Frage, ob Freundschaften bestehen, wenn ja, welcher Art (individuelle, gemeinsame), und ob die Eheleute mit der Konstruktion zufrieden sind (die Freundschaften stabilisierend oder destabilisierend wirken), sondern es gibt auch qualitative Unterschiede (unterstützende, nicht-unterstützende Freundschaft). "Ehen sind eingebunden in ein soziales Umfeld aus Verwandten und Freunden, die den Konstruktionsprozeß Ehe [...] mitgestalten. Freundschaf-

[223] z. B. wenn die Freundin die Geliebte des Mannes wird, mehr Beispiele ebd.

ten als soziale Institution tragen zur Stabilisierung oder auch zur Destabilisierung der Ehe von "außen" bei."[224]

4.14. Blum/Friedman - Philosophie

Blum und Friedman untersuchen die Moralität von Freundschaften aus der Sicht der Philosophie. Nach einer Zeit des kulturellen Umbruchs und der gesellschaftlichen Individualisierung zeigen sich "erste Indikatoren einer Revitalisierung von Gemeinschaftsbindungen"[225] ab. Dabei erweist sich Freundschaft als die "unumstrittenste, beständigste und befriedigenste aller engen persönlichen Bindungen"[226].

4.14.1. Lawrence Aaron Blum

Lawrence Aaron Blum betrachtet Freundschaft als eigenständiges moralisches Phänomen. In ihr wird Handeln mit Rücksicht auf die andere Person allein um ihretwillen repräsentiert. "Gewisse Formen der Rücksichtnahme oder Hilfsbereitschaft gegenüber einem Freund sind von einer solchen Art, daß ihr Ausbleiben ein moralisches Versagen und ihr Gegebensein nur das darstellt, was man von einem Freund erwarten darf."[227] Die Höhe des moralischen Wertes der Freundschaft zeigt sich darin, wie tief und stark die Sorge um den Freund und damit der Wunsch zum Wohle des Freundes zu handeln ist - je größer die Sorge und der Handlungswunsch, desto Höher der moralische Wert.
Er skizziert eine reale Freundschaft und zeigt an ihr, dass Freunde viel voneinander lernen. Sie lernen in dieser Beziehung "sie selbst" zu sein, zwischen eigenen Bedürfnissen oder Gefühlen und denen des anderen zu unterscheiden. Sie sind sich der Unterschiedlichkeit gegenüber dem anderen bewusst, Freundschaft bedeutet keine Selbstaufgabe. Sie vertrauen einander und haben nicht

224 ebd., S. 189

225 Honneth, Axel: Schwerpunkt: Die Moralität von Freundschaften, Vorwort, in: Deutsche Zeitschrift für Philosophie, Jahrgang 45, Band 2, Berlin, 1997. S. 215

226 ebd., S. 216, zitiert nach Friedman, Marilyn: Freundschaft und moralisches Wachstum, in: Deutsche Zeitschrift für Philosophie, Jahrgang 45, Band 2, Berlin, 1997. S. 235

227 Blum, Lawrence A.: Freundschaft als moralisches Phänomen, in: Deutsche Zeitschrift für Philosophie, Jahrgang 45, Band 2, Berlin, 1997. S. 217

das Gefühl voreinander "den Schein wahren" zu müssen. Sie kümmern sich umeinander und unterstützen sich. Sie identifizieren sich uneigennützig mit dem Wohle des anderen. Dies "setzt voraus, daß man aus sich selbst heraustritt und fähig ist auf einen anderen wirklich einzugehen"[228]; was wiederum aufbaut auf einem langsamen Prozess des allmählichen Kennenlernens, den nur beide gemeinsam zu durchlaufen vermögen. Ihre Fürsorge "erstreckt sich über eine bestimmt Zeitspanne und schließt eine in die Zukunft hineinreichende Verpflichtung ein."[229] Fürsorge allein macht aber noch keine Freundschaft aus; Freunde genießen es zusammen zu sein oder gemeinsamen Aktivitäten nachzugehen, und sie mögen einander. Wenn es zu Problemen zwischen ihnen kommt, werden sie versuchen diese zu überwinden. Haben die Freunde das Gefühl, dass es unüberwindbare Schranken zwischen ihnen gibt, führt dies zur Distanzierung und Schwächung der Bindung oder wird mindestens zur Beziehungsprobe.
Was oben schon angeklungen ist, nämlich die Sorge um den anderen unter Beachtung, oder besser: nicht Missachtung, der eigenen Interessen, nennt Blum "bedingten Altruismus". Dies ist eine besondere Form des Altruismus, der Selbstlosigkeit, im bisherigen Sinne: auch hier wünscht der Freund das menschliche Wachstum und das Glück des Freundes um dessen willen, nicht für sich selbst, er gibt sich dabei aber selbst nicht auf um dieses Ziel zu erreichen. "Sie handelt insofern altruistisch, als ihr Tun von aufrichtiger Sorge um das Wohl und Wehe ihrer Freundin um derentwillen motiviert ist; nicht aber in dem (geläufigeren) Sinne, wonach es ein Handeln unter Mißachtung der eigenen Interessen oder im Gegensatz zu ihnen bedeutet."[230] Die Freundschaft an sich bestimmt, was einem wichtig ist und im eigenen Interesse liegt; so gibt man auch seine Interessen nicht grundsätzlich auf, wenn man um das Wohl seines Freundes willen handelt. Man agiert nicht mit dem Ziel die Freundschaft zu erhalten oder den größtmöglichen Nutzen aus ihr zu ziehen, sondern um das Wohl des Freundes willen, und insofern altruistisch. Gehandelt wird nicht aus einer universellen Sorge für alle Mitmenschen heraus (Altruismus), sondern in Bezug zum Freund

---

[228] ebd., S. 221
[229] ebd., S. 219
[230] ebd., S. 225, auch Kapitel 1 in Blum, Lawrence A.: Friendship, Altruism and Morality, London, 1980.

aufgrund der Beziehung in der man zu ihm steht (bedingter Altruismus). Bedingter Altruismus bedeutet weiter, dass man um die, die dem Freundschaftskriterium nicht genügen, nicht so besorgt ist wie um die, die es erfüllen. "Der Umstand, daß wir diese Sorge um ihn nicht hätten, wenn er nicht unser Freund wäre, bedeutet keineswegs, daß wir uns nicht um seinetwillen um ihn sorgten."[231]

4.14.2. Marilyn Friedman

Marilyn Friedman sieht in Freundschaften die Differenzen zwischen abstrakten Moralvorschriften und gelebten Werten, sowie die Chance der Freunde mit Hilfe des Perspektivenwechsels (Ansichten des Freundes, Dinge auf dessen Art sehen) zu lernen. Freundschaft ist eine Beziehung, die auf Gleichheit und Gegenseitigkeit beruht: Gleichheit meint keine formale (materielle oder soziale/Status-) Gleichheit, sondern Gleichheit in Persönlichkeit, Einstellungen, Gefühlen und Charakter. Freunde sollten in der Lage sein, den jeweiligen Standpunkt des anderen zu respektieren und sich dafür zu interessieren. Überlegenheiten des einen auf einem Gebiet werden auf anderen Gebieten ausgeglichen. Freundschaft fordert auf, gegenüber dem Freund zu empfinden. Im Normalfall bedeutet Freundschaft, jemandem "in zumindest einigen wichtigen Hinsichten verpflichtet zu sein und ihm zumindest in einigen wichtigen Hinsichten zu vertrauen, wenn auch nicht in allen. Bei zahllosen Gelegenheiten, von den trivialen bis zu den gewaltigen, fordert uns Freundschaft auf, den Großteil der knappen Ressourcen unserer Fürsorge, Aufmerksamkeit und unseres Vertrauens in die selektive Unterstützung unserer Freunde zu leiten."[232]

Abstrakte gesellschaftliche Moralverpflichtungen bekommen in einer lebendigen Freundschaft einen ganz neuen Wert: wie wir uns um eine Freundin kümmern hängt nicht von vorgegebenen Vorschriften ab, sondern von dem spezifischen Interesse und Bedürfnis - man wird durch die Freundin an sich motiviert, nicht durch erzwungene generelle moralische Maßstäbe.[233]

---

231 Blum, Freundschaft als moralisches Phänomen, a. a. O., S. 228

232 Friedman, a. a. O., S. 236f

233 Die Maßstäbe bleiben die gesellschaftlichen, die allgemeinen Normen und Werte. Ihre Anwendung bezieht sich auf den Freund und ist freiwillig, nicht erzwungen.

Freundschaft bringt uns dazu, unsere Freunde und das was ihnen wichtig ist ernst zunehmen. Angenommen, man hätte am Anfang nicht alle Ansichten geteilt - eine Person erwirbt unsere Achtung, indem sie den Maßstäben entspricht, die wir für erstrebenswert (!) ansehen - , so reizt "die Freundschaft, diese ungeteilten Werte und Prinzipien als neue moralische Möglichkeiten für mich selbst und meine bisher vertretenen Werte und Prinzipien in einem neuen Licht zu betrachten"[234]. Die Freunde legen im Vertrauen und der Offenheit der Freundschaftsbeziehung verlässliche moralische Zeugnisse ab, teilen gegenwärtige und bisherige Erfahrungen. Dabei lernen wir die Begrifflichkeit des Freundes kennen und erweitern gleichzeitig den Aktionsradius unserer begrifflichen Ressourcen. Die Standpunkte des anderen, seine Bedürfnisse, Wünsche und Ängste können neue Standpunkte für uns darstellen, um so den tieferen Sinn und die Bedeutung moralischer Werte zu erkunden. Man erkennt, wie sich das Leben noch gestalten kann am konkreten Beispiel des Freundes. Dies kann dazu führen, dass die Freunde sich einander angleichen oder zumindest annähern in ihren Wertvorstellungen. Der Freund ist nicht allein das zweite Ich, sondern das andere Ich, an dem man sich messen kann - und in Zeiten, in denen man seine eigenen moralischen Regeln, Werte oder Prinzipien anzweifelt, orientieren kann. Dieses Wachstum ist auch durch andere Quellen als Freundschaft möglich, beispielsweise Romane, Biographien oder Autobiographien[235]. Diese können, im Gegensatz zum realen Freund, auf das was ich sage und frage nicht reagieren, ich kann mich nur einseitig mit ihnen auseinandersetzen.

Freunde die sich sehr gleichen, haben nicht den gleichen Gewinn aus der Beziehung, wie ungleichere Freunde; sie werden nicht so stark aneinander wachsen, sondern eher die gemeinsamen Werte reichhaltiger artikulieren. "Dennoch, selbst wenn Freunde sich sehr ähneln, bleiben Unterschiede."[236]

---

234 ebd., S. 239

235 über dies hinaus wäre zumindest auch auf Filme, Vorträge oder Radioberichte hinzuweisen

236 ebd., S. 246

4.15. Igor Semenovoc Kon - Sozialpsychologie

Igor Semenovic Kon[237] bearbeitet das Thema Freundschaft makrosoziologisch und anschließend sozialpsychologisch. Für die "Aushöhlung" der Freundschaft und ihre immer funktionellere Basis führt er drei Gründe an:

1. Der beschleunigte Lebensrhythmus und die damit vergrößerte Zahl an Sozialkontakten führt zu einer Extensivität der Beziehungen. Vertraulichkeit und Innigkeit haben keine Zeit[238] mehr zu entstehen und zu wachsen.
2. Es gibt aufgrund der technisierten Massenkommunikation immer weniger persönliche Kommunikation.
3. Kommunikation und Interaktion müssen der gesteigerten Bedeutung geschäftlicher Kontakte weichen.

Kon geht näher auf den Zeitbegriff und seine Folgen ein: Steigende Mobilität (Wechsel Wohnort, Schule, Arbeitsplatz) und die dadurch bedingte Kurzfristigkeit der sozialen Kontakte führen dazu, von vornherein schon keine engeren Bindungen mehr einzugehen. "Es geht hier nicht so sehr um *physische* Mobilität, sondern vielmehr um das veränderte Zeitgefühl des Menschen."[239] Dies hängt von der Entdeckung des Individuums ab; der Mensch stellt fest, dass er seine Fähigkeiten in einem gewissen zeitlichen Rahmen, seinem Leben, entfalten muss. Dies zeigt, dass er Zeit frei gestalten kann, durch seine Tätigkeit etwas verändern kann. Gerade hierbei kann er Zeit verlieren, er lebt in Hast und Eile, er hat Angst etwas nicht mehr zu schaffen und hinter den anderen zurück-

---

[237] geb. 1928, war maßgeblich an der Rezeption westlicher Methoden und Techniken der Sozialforschung beteiligt. Mitte der 60er Jahre erfolgte eine Hinwendung zu Problemen der Sozialpsychologie und der Persönlichkeit.

[238] dazu führt Kon eine Stelle aus Saint-Exupery, Antoine de: Der kleine Prinz, Düsseldorf, 1988. S. 66f (hier ohne die jeweiligen Redezeichen) an: "Gewiß, sagte der Fuchs. Noch bist du für mich nichts als ein kleiner junge, der hunderttausend kleinen Jungen völlig gleicht. Ich brauche dich nicht, und du brauchst mich ebensowenig. [...] Aber wenn du mich zähmst, werden wir einander brauchen. Du wirst für mich einzig sein in der Welt. Ich werde für dich einzig sein in der Welt... [...] Bitte...zähme mich! sagte er. Ich möchte wohl, antwortete der kleine Prinz, aber ich habe nicht viel Zeit. Ich muß Freunde finden und viele Dinge kennenlernen. Man kennt nur die Dinge, die man zähmt, sagte der Fuchs. Die Menschen haben keine Zeit mehr, irgendetwas kennenzulernen. Sie kaufen sich alles fertig in den Geschäften. Aber da es keine Kaufläden für Freunde gibt, haben die Leute keine Freunde mehr. Wenn du einen Freund willst, so zähme mich!"

[239] Kon, a. a. O., S. 75, Hervorhebung im Original

zubleiben. Diese Eile erschwert die zwischenpersönliche Kommunikation - je abhängig von deren Bedeutung in einer Gesellschaft: ist die Bedeutung der Kommunikation gering, gewinnen geschäftliche Kontakte, die mich "weiterbringen", an Bedeutung, schiebt sich Kommunikation in den Vordergrund, wird es wichtig im "Freundschaftsbusiness" gut zu sein. "Es gibt jedoch keinen eindeutigen Zusammenhang zwischen der Dynamik der Kommunikation und der Zahl der kontaktierten Personen einerseits sowie der psychologischen Intimität dieser Kommunikation andererseits."[240] Weiter noch: mit der immer komplizierteren Lebenstätigkeit wachsen die Selektivität von Freundschaften und die qualitativen Ansprüche an ihre Emotionalität.

In dem Abschnitt "Psychologie der Freundschaft" analysiert Kon die äußeren Rahmenbedingungen der Freundeswahl abzulesen. Freundschaft entsteht aufgrund Nähe, dies kann territorial-räumliche Nähe, gleiches Alter oder Beruf und funktionelle Verbundenheit (gemeinsame Tätigkeit, Ziele) sein. Meistens jedoch findet man Freunde während der gemeinsamen Arbeit oder des Studiums, "diese Gruppenverbundenheit und gemeinsame Tätigkeit stellen territoriale Faktoren in den Schatten."[241] Gibt es diese Gruppenverbundenheit, so zählt die persönliche Sympathie innerhalb dieser Gruppe, ansonsten bestimmt ausschließlich persönliche Sympathie die Freundeswahl.
Auch Kon geht der Frage nach, ob Freunde Ebenbilder sind oder Gegensätze[242]. Um dies zu beantworten ist es wichtig, sich zuerst die verschiedenen Dimensionen dieser vermuteten Ähnlichkeit vor Augen zu führen:
1. Klasse der vermuteten Ähnlichkeit: Handelt es sich um gleiches Geschlecht, Beruf, soziale Lage? Oder um Ähnlichkeit der Wertorientierung, Ansichten, Interessen? Oder um die von Persönlichkeitsmerkmalen?
2. Maß der vermuteten Ähnlichkeit: Ist volle Identität oder nur begrenzte Ähnlichkeit gemeint?
3. Bedeutung der Ähnlichkeit für die Personen selbst: Je wichtiger einem etwas ist, desto höhere Anforderungen stellt man in diesem Bereich an Freunde.

240 ebd., S. 78
241 ebd., S. 91
242 vgl. dazu auch die Beiträge in Kapitel 3

4. Umfang der Ähnlichkeitssphäre: Beschränkung nur auf eine Sphäre oder Ähnlichkeit in mehreren bis allen Bereichen?

Meistens sucht man sich Freunde gleichen Alters, Geschlecht, Status und Bildung aus; in Interessen, Werten und Charakter sollten mindestens noch Ähnlichkeiten sein. Hinzu kommt, dass Freunde nicht nur basierend auf anfänglichen Ähnlichkeiten oder Gleichheiten ausgewählt werden, sondern sie sich im Laufe der Beziehung auch einander anpassen.

Ein Vergleich der sozialen und psychologischen Dimension wurde in Untersuchungen dargestellt: Freunde fanden sich in den Bereichen, in denen die Ähnlichkeiten der sozialdemographischen Eigenschaften am stärksten ausgeprägt waren - in den psychischen Faktoren konnte nur eine minimale Ähnlichkeit festgestellt werden. Zu ähnlichen Ergebnissen kam auch der Soziologe Robert Winch, Professor an der Northwestern-Universität in Chicago, in einer Studie zur Ehepartnerwahl. Wir streben im vielen Punkten Ähnlichkeit an, suchen aber gleichzeitig einen Menschen der uns ergänzt: z. B. ein redefreudiger Mensch einen der gern zuhört. "Für jeden Topf gibt es einen passenden Deckel. Oder, wie Winch sagt, das richtige Maß zwischen soziologischen Ähnlichkeiten und psychologischen Unterschieden ist das beste Rezept für eine stabile lebenslange Partnerschaft."[243]

Zum Schluss geht Kon auf die Emotionen innerhalb einer Freundschaft ein. Wir erwarten vom Freund Verständnis, das er sich in unsere Lage versetzen kann; dies ist kein objektives Verstehen, sondern Einfühlungsvermögen, das aus der Sympathie zueinander erwächst. Nach Maisonneuve[244] stellt er drei Typen emotionaler Empfindung dar, jede gibt der Freundschaft einen anderen Schwerpunkt: 1. Bestätigung: beruhigende und bestätigende Gefühle, einander brauchen; 2. gegenseitige Ergänzung und geistige Bereicherung: Verbindung und Austausch; 3. Vereinigung: Empfindungen, die sich schwer in Worten ausdrücken lassen.

---

243 Brothers, Joyce: Warum wir lieben, wen wir lieben, in: Das Beste, Heft 7, Stuttgart, 1997. S. 139

244 Maisonneuve, J.: Psycho-Sociologie des Affinits, Paris, 1966.

"Alle Menschen brauchen Freunde. Aber der eine braucht einen Freund, der ein Spiegelbild seines eigenen Ichs sein soll, der andere einen Lehrmeister und Vormund, der dritte ein Objekt der Fürsorge und Vormundschaft, der vierte wiederum einen Helfer im Geschäft usw. Deshalb reißt die Diskussion über die Freundschaft nicht ab."[245]

4.16. Zusammenfassung

Trotz der Verschiedenheit und teilweisen Zusammenhanglosigkeit der dargestellten soziologischen Ansätze, lassen sich implizit gewisse Gemeinsamkeiten erkennen. Es können sechs Kernpunkte formuliert werden:

1. Freundschaft als feste Form gibt es nicht. Sie verändert sich, ihren Inhalt, ihre Gestalt in Bezug zu den gegebenen gesellschaftlichen Bedingungen und Erfordernissen.
2. Freundschaft wird dem Gemeinschaftshandeln zugeschrieben (vgl. Weber, Tönnies). Im Gegensatz zum Gesellschaftshandeln, das sich vorwiegend an rationalen Zwecken und nur an Teilen des Menschen (Rollen) orientiert, richtet sich die Freundschaft an den ganzen Menschen, mit Emotionen. Freundschaft strebt auf ein Kontinuum von Gemeinschafts- und Gesellschaftshandeln hin. Sie kann als nicht-familialer Primärbereich der Gesellschaft gelten. Sie ist eine eigenständige soziale Beziehung, keine Residualkategorie.
3. Freundschaft lässt sich weder raum-zeitlich noch institutionell festmachen, wie beispielsweise Ehe, Verwandtschafts- oder Arbeitsbeziehungen. Sie hat keine Überpersönlichkeit wie Ehe, kein darüber gestülptes Gerüst, das die Beziehung erhält, auch wenn die Akteure nicht handeln. Der Handlungsinhalt von Freundschaft ist nicht vorgegeben. Freundschaft beruht auf freiwilligem Engagement der Freunde, ist nicht vorschreibbar. Freundschaft kann "überall aufflammen", es gibt jedoch soziale und psychologische Grenzen (Status, Charakter). Freundschaft ist "institutionalized non-institution"[246].
4. Der Ursprung der Freundschaft ist nicht explizites Thema der einzelnen Theo-

[245] Kon, a. a. O., S. 176
[246] Paine, a. a. O., S. 128

rien, es lassen sich jedoch Fragmente dazu erkennen. Bei Kracauer ist es der glückliche Zufall, bei Helvetius, Tönnies, Lazersfeld/Merton und Kon das Erkennen gemeinsamer Bedürfnisse und Werte, bei Weber das bewusste und freiwillige Aufeinandergerichtet sein im Handeln, bei Suttles die Darstellung und Preisgabe des "wahren" Selbst, bei Eisenstadt ist es generelle moralische Humanität und bei Luhmann in dem Entstehen des Inkommunikablen über das soziale System hinaus.

Daraus lässt sich ableiten, dass der Ursprung von Freundschaft "als gemeinsames und aktives Aufeinanderzugehen im Rahmen des soziokulturellen Feldes"[247] begriffen werden kann. Mit anderen Worten: Das Individuum wendet sich in einer sozialen Geste geistig und körperlich an sein Umfeld.

5. Aus den dargestellten Theorien zur Freundschaft lassen sich vier interdependente Merkmalsdimensionen[248] festhalten. Die jeweiligen dargestellten und reellen Ausprägungen stellen Varianten dieser Aspekte dar:

- soziokulturelle Dimension: zwischen Normgebundenheit und individueller Originalität; Wechselwirkung der gesellschaftlichen Werte und Normen mit denen der Freundschaft; Werte und Normen der Freundschaften sind gesellschaftlich determiniert und mehr oder weniger deutlich ausgearbeitet. Als Beispiel für eine deutliche Ausarbeitung können "Psychotests" in Journalen gelten.[249]
- personale Dimension: zwischen Hereinnahme der ganzen Person und selbstbestimmtem Rückzug; die ganze "wahre" Person wird in die Freundschaft einbezogen, nicht nur Teile, man muß keine Maske tragen, keine

---

247 Nötzold-Linden, a. a. O., S. 81

248 dargestellt nach ebd.

249 Diese differenzieren mit einer Punktebewertung zwischen den verschiedenen Antwortmöglichkeiten. Die Antwort mit den meisten Punkten stellt dann die höchsten Werte bzw. Moral und deren Ausführung dar, die niedrigste Punktzahl die mit den niedrigsten Werten oder gar negativen Werten. (als Beispiel "Wie stark ist deine Freundschaft?" Fragebogen in Kuschelrock 4, 1997. S.12) Anders gelangt man mit dem Fragebogen VII von Max Frisch zu den Werten der Freundschaft. Hier gibt es keine Antworten, sondern der Leser muss "philosophieren" und sich und seine Antworten selbst einordnen. (Angefangen mit der Frage "Halten Sie sich für einen guten Freund?" bis zu "Sind Sie sich selber ein Freund?".) Frisch, Max: Fragebogen, Frankfurt/Main, 1992. S. 53-61

Rolle spielen; die Freundschaft wird selbst gestaltet, nichts inhaltlich vorgeschrieben

- instrumentelle Dimension: zwischen pragmatischer Lebensbewältigung und geistigem Austausch; die Freunde meistern den Alltag miteinander, tauschen sich aus, führen intellektuelle Gespräche
- expressive Dimension: zwischen Gefühlen der Zuneigung und Abneigung; Moral, Emotionen, Sympathie und Vertrauen zwischen den Freunden spielen eine Rolle

6. Freundschaft und Gesellschaft stehen in einem Spannungsverhältnis zueinander. Als zentrale makrosoziologische Funktion der Freundschaft lässt sich bei allen Autoren eine Kompensationsfunktion ablesen (vgl. dazu 3. 9. Zusammenfassung). Je weniger Rollen das Individuum zu seiner Standortfindung zur Auswahl hat, desto wichtiger werden persönliche Beziehungen, hier Freundschaften, zur Sicherung und Stabilisierung der individuellen Identität.

Freundschaft ist eine persönliche Beziehung, die den ganzen Menschen mit einbezieht, emotional und nicht zweckgebunden ist. Sie ist freiwillig und im Entstehen und der Aufrechterhaltung abhängig von den Teilnehmern. Es gibt keine feste Figur der Freundschaft, sie steht im Wechselbezug mit der Gesellschaft und kompensiert diese. In diesem Feld bewegt sie sich zwischen Normgebundenheit und Originalität, zwischen ganzer Person und selbstbestimmtem Rückzug, zwischen Alltag und geistigem Austausch, sowie zwischen Gefühlen der Zu- und der Abneigung.

"Nicht schon die Tatsache, daß sich zwei Menschen mit gleichen Interessen, gleichen Werten, gleichen Gedanken, gleichen Lebensformen und gleichen Temperamenten finden, macht das aus, was wir als die eigentliche Erfüllung der Freundschaft ansehen. Erst daß zwei Menschen sich aufeinander richten, ein jeder sich stets ein Bild von dem anderen macht und mit diesem Bild lebt und zugleich sich dessen bewußt ist, daß auch der andere mit einem solchen Bild von ihm selbst lebt, begründet diese Freundschaft. In der Konzentration der Freunde aufeinander finden beide sich in doppelter Weise auf ein Ich festgelegt.

Hier gelingt in einer sozial heterogenen Welt die Stabilisierung des Daseins durch die Freundschaftsbeziehung."[250]

250 Tenbruck, a. a. O. S. 440f

5. Freundschaft heute - Individualisierungsdebatte

Dieses Kapitel bietet einen Ausblick auf die aktuelle Situation der Freundschaft und eine Fortführung der soziologischen Definitionen. Anhand zweier aktueller entgegenliegenden Theorien[251] zur Individualisierungsdiskussion[252] wird der jeweils zugehörige Freundschaftsbegriff erarbeitet. Hieran wird noch einmal der Bezug zwischen Freundschaft und der jeweiligen Gesellschaft(sidee) deutlich.

5.1. Ronald Hitzler

Der Mensch ist freigesetzt von der traditional-verlässlichen Vorbestimmtheit seines Lebens und dessen Zwängen und muss sich statt dessen in einer "Überfülle heterogener und oft antagonistischer, sozial vor-organisierter Lebensstilpakete, Sinnkonglomerate und Ideologiegehäuse"[253] zurechtfinden. Dies bringt als zentrales Handlungsproblem für den Einzelnen die Frage nach der Vergemeinschaftung unter Individualisierungsbedingungen mit sich. Hitzler[254] erklärt dies anhand des Modells der "Bastelexistenz".

Gewohnheiten werden immer öfter durch Medien, uns bedeutsame Mitmenschen, Bezugsgruppen oder die "Umstände" in Frage gestellt. Leben wird immer weniger zuverlässig und prognostizierbar. Dies fordert vom Einzelnen die immer wiederkehrenden Entscheidungen was relevant ist. Daraus entwickeln sich situative und zufällige Deutungs-, Erklärungs- und Rechtfertigungsschemata, mit Hilfe derer er "sein eigenes" Leben zusammenbastelt. Dies bedeutet nicht, dass das Leben zwangsläufig originell ist oder er gar vereinsamt ist; im Gegenteil: "Standardisierung und Opportunismus sind sozusagen die alltägliche Normal-

---

251 so Ronald Hitzler selbst sinngemäß im Plenum II: Individuum ohne Grenzen? am 15.9.1998 auf dem Kongress für Soziologie in Freiburg im Breisgau: "Später wird ja auch noch mein Lieblingsgegner Hondrich sprechen..."

252 Auf die Idee brachte mich ein Vortrag von Prof. Dr. Peter Gross im Tübinger Theater zu seinem Buch Die Multioptionsgesellschaft, Frankfurt/Main, 1994. Wieder aufleben ließ diesen Wunsch das von ihm geleitete Podium II: Individuum ohne Grenzen? Kongress in Freiburg, wo auch Ronald Hitzler und Karl Otto Hondrich sprachen, die die Idee machbar werden ließen (aufgrund der Übersichtlichkeit und Kürze ihrer Vorträge).

253 Hitzler, Ronald: Verführung statt Verpflichtung. Die neuen Gemeinschaften der Existenz-Bastler, unveröffentlichtes Vortragsmanuskript, Dortmund, 1998. S.1

254 Professor für Allgemeine Soziologie an der Universität Dortmund

form."[255] Aber im Gegensatz zum traditionellen Dasein mit seinem vorbestimmten Ablauf und Bindungen ist es jetzt ein freigesetzes wählen, ein, aufgrund der fehlenden vorbestimmten Bindungen, mit der "Sehnsucht nach Gemeinschaft" erfülltes Leben. Diese Sehnsucht nach Gemeinschaft lässt sich durch Traditionsmilieus (z. B. Familie, Nachbarschaft, Religionsgemeinschaften) und ihrem definierten Zwang zur Unterstützung immer weniger befriedigen. Der Existenzbastler "sucht Anschluß lediglich im Sinne der je von ihm gewünschten Sozialverortung."[256] Er sucht Gesinnungsfreunde, die ihm in seinen jeweiligen Interessen, Leidenschaften und Zielen helfen und unterstützen. Diese findet er nicht in vorgeschriebenen Sozialbeziehungen, sondern in "single-issue- und lifestyle-Gruppierungen".[257] Diese daraus resultierenden kleinen Sozial-Welten haben verschiedene Reichweite: manche sind nur mit der Lösung spezifischer Probleme (Figur, Alter, Geld, Schlaflosigkeit, Erziehung, Partnerschaft,...) beschäftigt, andere auch mit abstrakteren Kategorien der Betroffenheit (ökologische, geschlechtliche, ethnische,...). Gemeinsam ist ihnen, dass sie kaum oder keine "allgemeine, existenzübergreifende Gewißheiten vermitteln oder gar Verbindlichkeit beanspruchen"[258]. Diese Gemeinschaften entstehen nicht aus kollektiv auferlegten Lebensumständen, sondern "infolge der Erzeugung gemeinsamer, gegenüber anderer abgrenzbarer Interessen der Mitglieder"[259]. Die Interessen müssen individuell wichtig genug sein, um, zumindest zeitweise, die anderen Unstimmigkeiten zwischen den Mitgliedern in den Hintergrund treten zu lassen. Der Ein- und Austritt in und aus diesen Gemeinschaften geschieht nicht durch Geburt und Tod (wie bei der Familie), sondern zumeist durch freie Wahl, einfachen Zugang und leichte Kündigungsmöglichkeiten (dies schließt emotionale Bindungen beinahe aus, malt ein Bild der rein rationalen Entscheidung). Mitgliedschaft kann nicht erzwungen werden, es kann dazu verführt (oder abgeschreckt) werden. Die Gemeinschaft erhält immer nur so viel Macht bzw. Sanktionsmöglichkeiten und nur so lange, wie sie ihr von den Mitgliedern gegeben

255 ebd., S. 3
256 ebd., Hervorhebung im Original
257 ebd.
258 ebd., S. 4
259 ebd.

wird, sich von ihnen selbst auferlegt wird. Diese Beziehungen bauen, wenn überhaupt, nur ein labiles Wir-Bewusstsein auf. Der fraglose "Weg zurück" in die Vergesellschaftung ist verbaut: die traditionellen Milieus wie Betrieb, Nachbarschaft und Familie[260] sind nicht mehr "automatisch" da, sondern müssen gewählt, gemanagt und konstruiert werden.
Angesichts dieser Bedingungen wird die Wieder-Vergemeinschaftung des Existenzbastlers zur wesentlichen Frage "seiner situationsopportunen Selbst- und Fremddefinitionen"[261]. Es wird scheinbar völlig irrelevant, aus welchem Milieu, welcher Stadt sich die Mitglieder zusammenfinden. "Solidarität(en) und Loyalität(en) entstehen infolgedessen weniger aus existentiellen Notwendigkeiten heraus[262], als aus - eher emotional denn rational motivierten - Entscheidungen dafür, sich eben (einmal oder auch dauerhafter) gegenüber bestimmten anderen "prosozial" zu verhalten."[263] Die Gemeinschaft selbst wird um so deutlicher nach außen präsentiert und gegenüber den Nichtmitgliedern abgegrenzt.

Ungeklärt ist die Frage, was das Individuum dazu bringt, sich zu vergemeinschaften. Es tut dies nach Hitzler einmal in single-issue- und lifestyle-Gruppen, in denen konkrete Probleme oder allgemeine Betroffenheit thematisiert sind, andererseits in Beziehungen, die emotional motiviert sind (einmalig oder dauerhafter). Eine vorstellbare Variante wäre die Unterscheidung zwischen Vergemeinschaftung in Gruppen, hier sind emotionale Bindungen zwangsläufig geringer, und in persönliche Paarbeziehungen, hier ist emotionale Beteiligung zwingend. Diese Differenzierung geht aus dem Text aber nicht hervor.

Freundschaft kann bei Hitzler so gefasst werden, dass sie freiwillig entsteht, auch mit Personen aus den Traditionsmilieus, und aufgrund emotionaler Motivierung. Sie entsteht leicht, kann auch leicht wieder gekündigt werden (es gibt

---

260 Die biologische Familie ist unzuverlässig, übernimmt keine Aufgaben mehr. Die soziale muss konstruiert werden, "Beziehungsarbeit" geleistet werden.

261 ebd., S. 5, Hervorhebung im Original

262 Dies scheint der vorhergehenden Prämisse, sich zur Lösung von Problemen zusammenzuschließen zu widersprechen, hierzu wäre der Begriff "existenzielle Notwendigkeit" genauer zu klären. Es steht zudem im Gegensatz zur Vereinsbildung im 19. Jahrhundert, wodurch sich die Mitglieder Durchsetzung ihrer Interessen erhofften.

263 ebd., S. 5f, Hervorhebung im Original

nur ein labiles Wir-Bewusstsein) und wird nach außen deutlich präsentiert. Ob Freundschaften nur Gesinnungsfreundschaften (zielorientiert) sind ist unklar. Klar ist, dass sie ihren Teil nur an einem Gebiet haben können, die jeweils anderen Bedürfnisse durch andere Freunde abgedeckt werden. Der Individualisierung zum Trotz findet aber eine Vergemeinschaftung statt, außerhalb des gesellschaftlich Vorgegebenen.

5.2. Karl Otto Hondrich

Der These der Individualisierung widerspricht Hondrich[264], er sieht vielmehr eine Dialektik der Grundprozesse, eine entstehende Gegenbewegung, die gleichzeitig Vergemeinschaftung nach sich zieht. Selbst wenn aufgrund einer "reproduktiv erlahmten Gesellschaft die Menschen, das Substrat aller Sozialität, ausgehen"[265], wird das Gemeinschaftsleben nicht mangels Masse versiegen, sondern selbst oder gerade in diesem Grenzfall wird nicht Individualisierung sondern Vergemeinschaftung das Leben bestimmen. Gemeinschaften reproduzieren sich weiter - ungewusst und ungewollt, verborgen und verdrängt, hinter dem Rücken der Individuen.

Scheinbar freie Entscheidungen, wie zum Beispiel der Kinderwunsch, der seit der Erfindung moderner Verhütungsmethoden so gut wie frei determinierbar ist, werden durch neue Konsensverpflichtungen bestimmt. In diesem Falle dem gemeinsamen Wunsch des Paares nach einem Kind und dem gemeinsam gewählten Zeitpunkt. Von alleiniger, freier Entscheidung keine Spur, sobald andere Menschen einbezogen sind. Selbst nicht für das eigene Leben! Es gibt neue Zwänge und Normen, die die Richtung angeben: Auch Frauen brauchen eine gute Ausbildung und Karriere, wer sich da nach dem Schulabschluss für Ehe und Kinder entscheidet wird "schief angesehen", macht sich selbst unmöglich. Es ist keine neue Möglichkeit, es ist neue Norm, gar Zwang diese Lebensform zu wählen.

---

264 Professor für Soziologie an der Johann Wolfgang Goethe-Universität in Frankfurt/Main

265 Hondrich, Karl Otto: Hinter dem Rücken der Individuen - Gemeinschaftsbildung ohne Ende, unveröffentlichtes Vortragsmanuskript, Frankfurt/Main, 1998. S. 1

Hondrich vertritt die These, dass sich unter diesen Bedingungen moralische und emotionale Vergemeinschaftung nicht nur hält, sondern sogar intensiviert. Je mehr die ganze Welt zum Schauplatz des Lebens wird, desto mehr besinnt man sich, besonders in Krisensituationen, auf seine Herkunftsgemeinschaften (Familie, frühere Freundschaften, den Bildungs- und Sozialstaat). Wir erweitern immer mehr unseren "Geburtsort", Herkunftsgemeinschaften wachsen mit: "Kommen wir in die Schule, wird uns die Familie zur Herkunft, in der Universität der Schulort, als Austauschstudent in England sind wir deutscher Herkunft, als Dozent in Afghanistan Europäer."[266] Treten wir aus unserer bisherigen Gemeinschaft heraus, ziehen wir sie nach: Hondrich bezeichnet dies als "nachziehende Vergemeinschaftung". Wir sind uns im Moment der Teilnahme ihrer nicht immer bewusst, definieren uns aber spätestens in der nächsten Ebene, im nächstgrößeren Bezugskreis, über sie - je dünner die Gemeinschaft vor uns wird, desto wichtiger wird die hinter uns; sie ist kulturelles, kommunikatives und soziales Kapital. Mit dem Heraustreten aus Gemeinschaft brechen wir nicht mit Tradition, sondern verlängern und erweitern sie. Ein und derselbe Prozess lassen sich als Individualisierung und Vertiefung der Tradition sehen. Ich trete hinaus, wähle individuell und entscheide mich frei und nur für mich persönlich für die Tradition, die mir Sicherheit gibt. Diese Entscheidung entsteht weder aus dem Wunsch nach Individualisierung noch nach dem der Vergemeinschaftung, sondern nur in der jeweiligen Sache. "Vergemeinschaftung ist *immer* nicht intendiert. Sie ist das, was geschieht, wenn die Handelnden etwas anderes wollen und bezwecken..."[267] Während wir uns als Individuen "in Szene setzen" betreiben wir fortwährend Vergemeinschaftung ohne es zu wissen; Gemeinschaft entsteht im Verborgenen, sie ist verborgen und dadurch geborgen. Sie gibt unserer sozialen Existenz die Geborgenheit und Kontinuität, von der aus wir aufbrechen können zu neuen Ufern. Eine traurige Tatsache bleibt: Das der Vergemeinschaftungsprozess unverbrüchlich ist, schützt nicht davor, dass einzelne Gemeinschaften zerbrechen.

---

266 ebd., S. 5

267 ebd., S. 7, Hervorhebung im Original

Freundschaft ist bei Hondrich somit keine aussterbende Kategorie, sondern lebensnotwendig. Über seine Sozialbeziehungen definiert sich der Mensch, spätestens wenn er aus ihrem Kreis heraustritt; sie erst geben Sicherheit um zu neuen Ufern aufzubrechen. Es sind die (frühen) Freundschaften, die ihm Schutz in Krisensituationen bieten, neben anderen bestehenden Sozialbeziehungen, wie beispielsweise Familienbeziehungen.
Vergemeinschaftung und Freundschaft wird es immer geben, auch wenn sich die einzelne Beziehung verändert oder zerbricht. Es scheint, dass Freundschaft nicht gewählt werden kann, sie weder gesucht noch gewollt werden kann, sondern unterschwellig entsteht, hinter dem Rücken der Individuen, und dann einfach da ist, ungewollt. Ob Freundschaft in der Situation, in der sie entsteht oder besteht als solche definiert wird, oder erst im nachhinein, ist unklar.

5.3. Zusammenfassung

Beide bestreiten nicht, dass es trotz der Individualisierung zu Vergemeinschaftungen kommt. Die Gründe und die Qualität der Vergemeinschaftung und Freundschaft differieren: Bei Hitzler orientiert sich das Individuum immer am persönlichen Interessen und dem selbstgewählten Lebensweg. Das gesamte soziale Umfeld muss persönlich aufgebaut und erarbeitet werden. Bei Hondrich entwickelt sich das Umfeld wie von selbst mit, anhand der jeweiligen, innerhalb der Grenzen der wirklich freien Wählbarkeit, getroffenen Lebensentscheidungen. Die erfolgte Vergemeinschaftung wird erst im nachhinein deutlich.

Individualisierung und Vergemeinschaftung gehen Hand in Hand. Dies ist eine Untermauerung der Kompensationsthese: In der Individualisierung gibt die Gesellschaft nicht mehr alle Normen und Werte in gleichem Maße vor wie früher, das Individuum irrt aber auch nicht ziellos alleine umher, sondern verbündet sich in Gemeinschaftsbeziehungen (Gruppen- und Paarbeziehungen) und baut sich so seine eigene soziale Welt auf. Die Gemeinschaft vermittelt zwischen Gesellschaft und Individuum, übernimmt teilweise bisherige Aufgaben der Gesellschaft.

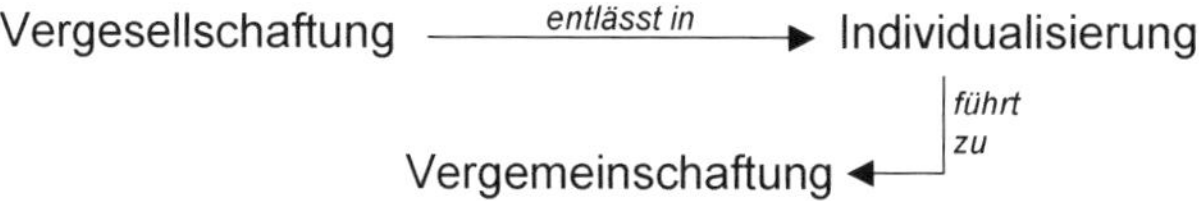

Vergesellschaftung und Individualisierung sind, in ihren Extremen, Gegensätze. Vergemeinschaftung ist nicht gezwungenermaßen ein Gegensatz zu Vergesellschaftung, da es auch stark gesellschaftlich bestimmte, vorgeschriebene oder gar kontrollierte Freundschaften gibt (z. B. Heldenfreundschaften im alten Griechenland).

Fest steht, es gibt keine Individualisierung ohne Vergemeinschaftung, somit nicht ohne Freundschaft - Freundschaft als eine wahrscheinliche Form von Vergemeinschaftung angesehen, wahrscheinlich deswegen, da sie nicht nur rationale Aufgaben erfüllt, sondern auch emotionalen Beistand gewährt - sei es, dass die Individuen nach ihr aus "Sehnsucht nach Gemeinschaft" streben oder dass sie hinter deren Rücken zustande kommt. Ein Mensch ohne Sozialität ist kein Mensch, ihm fehlen andere zur Definition und Abgrenzung seines Selbst (alter ego).

6. Schlussbetrachtung

6.1. Zusammenfassung

Nach einem Einstieg ins Thema mit Hilfe verschiedener Lexikonartikel wurde auf die Begriffsverschiebung eingegangen. In der Antike war der Freund der nahestehende und liebe Mensch, egal ob verwandt oder nicht, ob persönliche oder familiäre Bindung. Die damalige Öffentlichkeit wurde in großem Maße durch Freundschaften konstituiert. Der Freund wurde nicht zum alter ego, die Freunde erlebten sich als ein Ganzes, eine Person. Es existierte ein festes Netzwerk an Sozialbeziehungen mit geringen Wahlmöglichkeiten. Mit der Städtebildung vollzogen sich Veränderungen des Wertesystems, der Basiskonzepte und Handlungsmuster. Freundschaft erhielt eine sozial-integrative Funktion. Freunde teilten und hatten alles gemeinsam. Man verhielt sich zum Freund wie zu sich selbst. Geliebt wird der Freund aufgrund seiner Person, nicht wegen eines Teilaspektes. Der Freund ist alter ego, das zweite oder bessere Selbst.
Im Mittelalter vollzieht sich eine ähnliche Begriffsverschiebung: der Mensch ist wieder untrennbar mit der Gemeinde verbunden. Sein ganzes Leben ist vorherbestimmt durch die Zugehörigkeit zu einem bestimmten Stand. Mit dem Aufkommen der Arbeitsteilung und räumlicher Mobilität war der Einzelne nicht mehr an den Stand und die dadurch resultierende soziale Rolle gebunden. Entscheidungen wurden einem nicht mehr abgenommen, man musste selbst entscheiden und sich etablieren. Freundschaft wurde individualisiert, der Freund konnte frei gewählt werden, die Freundschaft wurde persönlich ausgestaltet.

Zu erkennen ist, wie Freundschafts- und Gesellschaftsentwicklung korrelieren: Zunächst tritt Freundschaft als Synonym oder Teilaspekt der Verwandtschaft auf, später wird sie selbständiges Institut; die Rolle des Freundes gewinnt selbständige soziale Bedeutung. Das Individuum wird von der Gesellschaft freigestellt, persönliche Beziehungen gewinnen an Bedeutung. "Das Bedürfnis nach Freundschaft darf eindeutig als ein Korrelat dieser sozialen Situation gesehen werden."[268] Freundschaft übernimmt Aufgaben, die andere Institutionen nicht

268 Tenbruck, a. a. O., S. 443

mehr ausreichend oder gar nicht mehr übernehmen, sie ergänzt die inkomplette soziale Struktur, die ohne sie gar nicht funktionieren könnte. Freundschaft erfährt im Zusammenhang mit dem Differenzierungs- und Freisetzungsprozess der Gesellschaft einen Formen-, Inhalts- und Funktionswandel (genauer in 3.9.).

In den soziologischen Theorien zur Freundschaft lassen sich implizit Gemeinsamkeiten feststellen:
1. Freundschaft verändert sich in Bezug zu den gesellschaftlichen Bedingungen und Erfordernissen. Eine feste Form gibt es nicht.
2. Freundschaft ist, im Gegensatz zu Gesellschaftshandeln, Gemeinschaftshandeln. Sie richtet sich an den ganzen Menschen, mit Emotionen. Freundschaft ist eigenständige soziale Beziehung, nicht Residualkategorie.
3. Freundschaft lässt sich weder raum-zeitlich noch institutionell festmachen, ihr Handlungsinhalt ist nicht vorgegeben. Freundschaft besteht durch freiwilliges Engagement, ist nicht vorschreibbar.
4. Für den Ursprung der Freundschaft gibt es verschiedene Erklärungen. Allen gleich ist, dass sich das Individuum in einer sozialen Geste geistig und körperlich an sein Umfeld wendet.
5. Es lassen sich vier interdependente Merkmalsdimensionen festhalten: die soziokulturelle Dimension: zwischen Normgebundenheit und individueller Originalität; die personale Dimension: zwischen Hereinnahme der ganzen Person und selbstbestimmtem Rückzug; die instrumentelle Dimension: zwischen pragmatischer Lebensbewältigung und geistigem Austausch und die expressive Dimension: zwischen Gefühlen der Zuneigung und Abneigung.
6. Freundschaft und Gesellschaft stehen in einem Spannungsverhältnis zueinander. Als zentrale makrosoziologische Funktion der Freundschaft lässt sich bei allen Autoren eine Kompensationsfunktion ablesen. Freundschaften werden benötigt zur Sicherung und Stabilisierung der individuellen Identität.

Wie zu sehen war, hat sich durch die Jahrhunderte der Freundschaftsbegriff immer mehr zu einem Begriff, der das Individuum an sich betrifft, verschoben. Diesem, durch die Freistellung von gesellschaftlichen Pflichten erfolgten Vorgang, wird in den soziologischen Theorien Rechnung getragen. Ein einheitliches Bild entsteht auch hier nicht, es lassen sich jedoch Tendenzen ausmachen.

Auch in der Individualisierungsdebatte spielt Freundschaft eine Rolle: Sowohl Hitzler, als auch Hondrich, bestreiten nicht, dass es weiterhin Vergemeinschaftung gibt. Allerdings gibt es verschiedene Gründe hierfür und verschiedene Freundschaftsqualitäten.

Individualisierung und Vergemeinschaftung gehen Hand in Hand. Dies ist eine Untermauerung der Kompensationsthese: der Einzelne baut sich seine eigene soziale Welt auf. Die Gemeinschaft vermittelt zwischen Gesellschaft und Individuum, übernimmt teilweise bisherige Aufgaben der Gesellschaft.

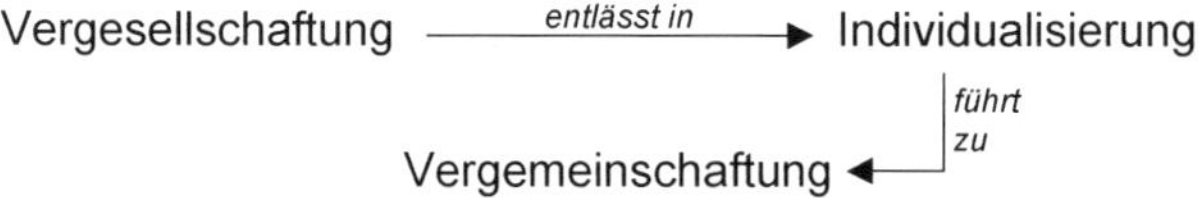

Die Individuen streben trotz oder gerade wegen der Individualisierung nach Gemeinschaft. Ein Mensch ohne Sozialität ist kein Mensch, ihm fehlen andere zur Definition und Abgrenzung seines Selbst (alter ego).

6.2. Ausblick

Im letzten Abschnitt gehe ich auf die Freundschaft in der Praxis ein. In verschiedenen Definitionen (allen voran der von Simmel) lässt sich ein gewisser Pragmatismus in den Freundschaftsbeziehungen erkennen. Es zeigt sich ein Wandel von der einen, sehr engen Freundschaft, hin zu einer Vielzahl an Beziehungen. Dabei gibt es vielleicht noch eine engere Freundschaft, aber es kann zusätzlich auf andere Freundschaften ausgewichen werden, wenn einer keine Zeit hat (das Individuum hat so viele verschiedene Verpflichtungen, dass es nicht immer allen im gleichen Maße und zur gleichen Zeit gerecht werden kann). Die jeweiligen Beziehungen werden immer nur so weit gelebt, wie die Gemeinsamkeiten der Freunde gehen, der Rest wird in anderen Beziehungen ausgelebt und dabei eine "Auszeit" von der engsten und/oder den anderen Bindungen genommen.

Dem teilweise gegenüber steht meine These der Dialektik von Alltag und Krise. Freundschaft zeigt sich gerade im normalen Leben, im (langweiligen) Alltag. Und diesen teilen die differenzierten Freundschaften nicht oder ungenügend, weil sie nur an einem Aspekt und nicht an allen Lebenszusammenhängen interessiert sind. Hier greift die Unterscheidung zwischen Bekannten (mit ihnen unternimmt man hin und wieder etwas, würde sie einladen, wenn man ein sehr großes Fest gibt), Freunden (sie lädt man auf jeden Fall auf ein Fest ein, sie nehmen an Aspekten oder bestimmten Zeiten des Lebens teil, ihnen wird von Zeit zu Zeit vielleicht auch aus anderen Lebensbereichen berichtet, dann müssen zuerst die Zusammenhänge erklärt werden; entsprechen den differenzierten Freundschaften) oder engen Freunden (mit ihnen teilt man sein Leben kontinuierlich, sie kennen alle Zusammenhänge und sind immer - mit als erste[269] - informiert, zumindest über die wichtigen Ereignisse sofort, sie lädt man auch zu einem Fest im engsten Kreise ein). Die Freundschaft ist wohl die am weitesten verbreitete Variante und erfüllt auch die gesellschaftlichen Aufgaben.

Die enge Freundschaft existiert, wenn überhaupt, nur mit einer Person[270]: der besten Freundin, dem besten Freund. Mit ihr oder ihm verbringt man viel Zeit, unternimmt etwas und tauscht sich aus. Tannen bezeichnet dies als "Klatsch begründet Freundschaft"[271]: Klatsch ist bei ihr die Erzeugung von Nähe durch bestimmtes Wissen, das dem anderen zugänglich gemacht wird im Gespräch. Dieser Klatsch ist nicht das böse Lästern und Herziehen über nicht anwesende Dritte (eine Bezeichnung hierfür wäre vielleicht Tratsch), sondern der positive Austausch von Wissen, auch über Dritte.

In den Aktivitäten und Gesprächen der Freunde[272] geht es sowohl um Probleme des Einzelnen und wie sie bewältigt werden können (Eheprobleme, berufliches Weiterkommen,...), als auch um Alltag, der so geteilt wird (banale Dinge wie gemeinsames Einkaufen, Austausch von Kuchenrezepten, Gespräche über die neueste Bohrmaschine, welche Zahncreme die beste ist, gegenseitige Hilfe, z. B. Babysitting wenn einer einen Termin hat,... aber auch die Höhepunkte: eine

---

269 neben den direkt Betroffenen und evtl. dem Partner, der Familie

270 maximal zusätzlich auch noch mit dem Partner, der Partnerin

271 Tannen, Deborah: Du kannst mich einfach nicht verstehen. Warum Männer und Frauen aneinander vorbeireden, Hamburg, 1991. S. 102

272 Männerfreundschaft lebt hauptsächlich von Aktivitäten, Frauenfreundschaft vom Gespräch, so Huber, Michaela/Rehling, Inge: Dein ist mein halbes Herz. Was Freundinnen einander bedeuten, Frankfurt/Main, 1994. Dies ist jedoch keine zwingende Begrenzung nur auf das eine oder andere.

neue Beziehung, ein neues Auto, der Aufstieg im Beruf, das positive Ergebnis des Schwangerschaftstests,...)
Andererseits beweist sich Freundschaft in der Krise[273]: In Grenzsituationen müssen (schnelle) Entscheidungen getroffen werden, die Übergänge markieren und Veränderungen mit sich bringen können. Bei großen Problemen (Geldnot, Konflikte mit dem Gesetz, Scheidung,...) und ihren Folgen (Armut, Statusverlust,...) zeigt sich, wer zu uns hält und wer nicht.

Der "Freund in der Not" gibt uns zwar schnelle Hilfe, aber keine sonstige enge, emotionale Bindung. Der Freund nur im Alltag vertreibt uns zwar die Zeit, ist aber nicht zuverlässig. Deshalb braucht es beide Komponenten: Freundschaft besteht im Alltag und beweist sich in der Krise.

---

[273] wirkliche Krisen, nicht vom Freund zum "Test" herbeigeführte - geschehen solche "Tests" öfter, fühlt sich der Freund benutzt, nimmt wahrscheinlich Abstand

7. Bibliographie

Adomeit, Klaus: Aristoteles über die Freundschaft, Heidelberg, 1992.

Aristoteles: Nikomachische Ethik, Stuttgart, 1986. Buch 8 und 9

Barrow, Logie: The Environment of Fellowship around 1900, in: Porter, Roy/Tomaselli, Sylvana: The dialectics of friendship, London, 1989. S. 159-178

Bartels, Klaus: Von der Freundschaft mit den Nächsten, mit den Fernsten, Freiburg i. Br., 1989.

Bernsdorf, Wilhelm/Knospe, Horst: Internationales Soziologenlexikon, Stuttgart, 1984.

Bernsdorf, Wilhelm (Hg.): Wörterbuch der Soziologie, Stuttgart, 1969.

Blum, Lawrence A.: Freundschaft als moralisches Phänomen, in: Deutsche Zeitschrift für Philosophie, Jahrgang 45, Band 2, Berlin, 1997. S. 217-234

Blum, Lawrence A.: Friendship, Altruism and Morality, London, 1980.

Bourdieu, Pierre: Die feinen Unterschiede. Kritik der gesellschaftlichen Urteilskraft, Frankfurt/Main, 1996.

Brain, Robert: Freundschaft ist so wichtig wie die Liebe, in: Psychologie heute, Heft 4, 1978. S. 14-21

Brockhaus Enzyklopädie, Wiesbaden, 1968.

Brockhaus Enzyklopädie, Mannheim, 1988.

Brockhaus Enzyklopädie, Mannheim, 1997.

Brothers, Joyce: Warum wir lieben, wen wir lieben, in: Das Beste, Heft 7, Stuttgart, 1997. S. 136-140

Cicero: Laelius - Über die Freundschaft,Stuttgart, 1970.

Clark, Gillian und Stephen R. L.: Friendship in the Christian Tradition, in: Porter, Roy/Tomaselli, Sylvana: The dialectics of friendship, London, 1989. S. 26-44

Davis, Keith E.: Near and Dear: Friendship and Love Compared, in: Psychology Today 19, Heft 2, 1985. S. 22-30

Day, Barbara R.: A Comparison of Personality Needs of Courtship Couples and Same-Sex Friendships, in: Sociology and Social Research, Vol. 45, No. 1. S. 435-440

Der große Brockhaus, Leipzig, 1930.

Der große Brockhaus, Wiesbaden, 1954.

Der große Brockhaus, Wiesbaden, 1978.

Dirlmeier, Franz: Ethiken des Aristoteles, Eudemische Ethik, Darmstadt, 1963.

Easterling, Pat: Friendship and the Greeks, in: Porter, Roy/Tomaselli, Sylvana: The dialectics of friendship, London, 1989. S. 11-25

Eisenstadt, Samuel Noah: Friendship and the Structure of Trust and Solidarity in Society, in: Leyton, Elliott (Hg.): The Compact. Selected Dimensions of Friendship, Newfoundland, 1974. S. 138-145

Endruweit, Günter / Trommsdorff, G. (Hg.): Wörterbuch der Soziologie, Band 1, Stuttgart, 1989.

Fatke, Reinhard/Valentin, Renate: Wozu man Freund braucht, in: Psychologie heute, 15. Jahrgang, Heft 4, 1988. S. 22-29

Fasching, Maria: Zum Begriff der Freundschaft bei Aristoteles und Kant, Würzburg, 1990. S. 9-127

Friedman, Marilyn: Freundschaft und moralisches Wachstum, in: Deutsche Zeitschrift für Philosophie, Jahrgang 45, Band 2, Berlin, 1997. S. 235-248

Frisch, Max: Fragebogen, Frankfurt/Main, 1992.

Gehring, Axel: Freundschaft. Eine Studie zur Soziologie der persönlichen Beziehungen, in: Soziologenkorrespondenz, Jg. 2, Heft 1/2. S. 30-52

Gigon, Olof: Grundprobleme der antiken Philosophie, München, 1959. S. 302-314

Goffman, Erving: Das Individuum im öffentlichen Austausch, Frankfurt/Main, 1974.

Goffman, Erving: Stigma. Über Techniken der Bewältigung beschädigter Identität, Frankfurt/Main, 1967.

Gross, Peter: Die Multioptionsgesellschaft, Frankfurt/Main, 1994.

Großes Dudenlexikon, Mannheim, 1965.

Gutknecht, Thomas: Freundschaft und Zeit, Ms., Reutlingen, 1997.

Gutknecht, Thomas: Was ist Freundschaft? Impulse aus der philosophischen Tradition zur Erneuerung eines Ideals, Ms., Reutlingen, 1997.

Hartfiel, Günter: Wörterbuch der Soziologie, Stuttgart, 1972.

Helvetius, Claude-Adrien: Vom Geist, Berlin, 1973.

Hitzler, Ronald: Verführung statt Verpflichtung. Die neuen Gemeinschaften der Existenz-Bastler, unveröffentlichtes Vortragsmanuskript, Dortmund, 1998.

Hondrich, Karl Otto: Hinter dem Rücken der Individuen - Gemeinschaftsbildung ohne Ende, unveröffentlichtes Vortragsmanuskript, Frankfurt/Main, 1998.

Honneth, Axel: Schwerpunkt: Die Moralität von Freundschaften, Vorwort, in: Deutsche Zeitschrift für Philosophie, Jahrgang 45, Band 2, Berlin, 1997.

Kon, Igor S.: Freundschaft. Geschichte und Sozialpsychologie der Freundschaft als soziale Institution und individuelle Beziehung, Hamburg, 1979.

Kracauer, Siegfried: Über die Freundschaft, Frankfurt/Main, 1971.

Kuhn, Helmut: "Liebe" Geschichte eines Begriffs, München, 1975.

Landlexikon, Stuttgart, 1911.

Lazarsfeld, Paul F./Merton, Robert K.: Friendship as Social Process: A Substantive and Methodological Analysis, in: Berger, Morroe/Abel, Theodore/Page, Charles H. (Hg.):Freedom and Control in Modern Society, New York,1964. S. 18-66

Luhmann, Niklas: Die Gesellschaft der Gesellschaft, Band 1, Frankfurt/Main, 1997.

Luhmann, Niklas: Einfache Sozialsysteme, in: Zeitschrift für Soziologie, Jahrgang 1, Heft 1, 1972.

Luhmann, Niklas: Liebe als Passion. Zur Codierung von Intimität, Frankfurt/Main, 1998.

Luhmann, Niklas: Soziale Systeme, Frankfurt/Main, 1996.

Luhmann, Niklas: Was ist Kommunikation? in: Soziologische Aufklärung 6. Die Soziologie und der Mensch, Opladen, 1995. S. 113-124

Luhmann, Niklas: Wie ist Bewußtsein an Kommunikation beteiligt? in: Soziologische Aufklärung 6. Die Soziologie und der Mensch, Opladen, 1995. S. 37-54

MacIver, Robert M./Page, Charles H.: Society: An Introductory Analysis, New York, 1949.

Maisonneuve, J.: Psycho-Sociologie des Affinits, Paris, 1966.

Marshall, Gordon (Hg.): The Concise Oxford dictionary of sociology, Oxford, 1994.

Meyers Conversations-Lexicon, Hildburghausen, 1847.

Meyers Enzyklopädisches Lexikon, Mannheim, 1973.

Meyers Großes Universallexikon, Mannheim, 1982.

Meyers Konversations-Lexikon, Leipzig, 1894.

Meyers Lexikon, Leipzig, 1926.

Meyers Neues Lexikon, Mannheim, 1994.

Mead, Georg Herbert: Geist, Identität und Gesellschaft, Frankfurt/Main, 1975.

Montaigne, Michel de: Die Essais, Stuttgart, 1984. besonders S. 100-106

Nötzoldt-Linden, Ursula: Freundschaft. Zur Thematisierung einer vernachlässigten soziologischen Kategorie, Opladen, 1994.

Nolte, Venantius: Cassiciacum, Band VI: Augustinus Freundschaftsideal in seinen Briefen, Würzburg, 1939.

Paine, R.: An Exploration Analysis in "Middle-Class" Culture, in: Leyton, Elliott (Hg.): The Compact. Selected Dimensions of Friendship, Newfoundland, 1974. S. 118-137

Platon: Sämtliche Werke 2, Hamburg, 1986. S. 183-202

Price, Anthony: Friendship, in: Höffe, Otfried (Hg.): Die Nikomachische Ethik, Berlin, 1995. S. 229-252

Rubin, L. B.: Just Friends, New York, 1985.

Saint-Exupery, Antoine de: Der kleine Prinz, Düsseldorf, 1988.

Salomon, Albert: Der Freundschaftskult des 18. Jahrhunderts in Deutschland: Versuch zur Soziologie einer Lebensform, in: Zeitschrift für Soziologie, Jg. 8, Stuttgart, 1979. S.279-308

Scheler, Max: Wesen und Formen der Sympathie, Bonn, 1931.

Schöningh, Insa: Ehen und ihre Freundschaften. Niemand heiratet für sich allein, Opladen, 1996.

Schweizer Lexikon 91, Luzern, 1992

Simmel, Georg: Psychologie der Diskretion, in: ders., Gesamtausgabe Band 8, Aufsätze und Abhandlungen 1901-1908, Frankfurt/Main, 1993. S.108-115

Simmel, Georg: Psychologie der Diskretion (Vortrag), in: ders., Gesamtausgabe Band 8, Aufsätze und Abhandlungen 1901-1908, Frankfurt/Main, 1993. S.82-86

Simmel, Georg: Soziologie,Gesamtausgabe Band 11, Frankfurt/Main, 1992.

Soziologisches Wörterbuch, Freiburg, 1969.

Suttles, Gerald D.: Frienship as a Social Institution, in: McCall, G. J. et al.: Social Relationships, Chicago, 1970. S. 95-135

Tannen, Deborah: Du kannst mich einfach nicht verstehen. Warum Männer und Frauen aneinander vorbeireden, Hamburg, 1991.

Tenbruck, Friedrich: Freundschaft. Ein Beitrag zu einer Soziologie der persönlichen Beziehung, in: Kölner Zeitschrift für Soziologie und Sozialpsychologie, Nr. 16, Köln, 1964. S.431-456

Thomas von Aquin: Summe der Theologie, Band 2, Stuttgart, 1985. S. 178-201

Thomas von Aquin: Summe der Theologie, Band 3, Stuttgart, 1985. S. 90-145

Tönnies, Ferdinand: Einführung in die Soziologie, Stuttgart, 1965.

Tönnies, Ferdinand: Gemeinschaft und Gesellschaft, Berlin, 1922.

von Wiese, Leopold: System der Allgemeinen Soziologie, München, 1933.

Weber, Max: Wirtschaft und Gesellschaft, Tübingen, 1972.

Wie stark ist deine Freundschaft? in: Kuschelrock 4, 1997. S. 12

Witte, Karsten: Nachwort, in: Kracauer, a. a. O., S. 99-105

Literatur zu "Gibt es Freundschaft zwischen Männern und Frauen?"
(Frauen-, Männer- und gemischtgeschlechtliche Freundschaft)

Ephron, Nora: When Harry met Sally...[dt. Titel: Harry und Sally], New York, 1996.

Huber, Michaela/Rehling, Inge: Dein ist mein halbes Herz. Was Freundinnen einander bedeuten, Frankfurt/Main, 1994.

Karlauf, Thomas (Hg.): Deutsche Freunde. Zwölf Doppelportraits, Reinbek bei Hamburg, 1997.

Miller, Stuart: Männerfreundschaft, München, 1986.

Mönkemeyer, Karin/Nordhoff, Inge: Ein platonisches Verhältnis. Freundschaft zwischen Männern und Frauen, Reinbek bei Hamburg, 1993.

Orbach, Susie/Eichenbaum, Luise: Bitter und süß. Frauenfeindschaft-Frauenfreundschaft, Düsseldorf, 1996.

Raymond, Janice G.: Frauenfreundschaft. Philosophie der Zuneigung, München, 1987.

Schümann, Carl-Wolfgang: Vivat, crescat, floreat, in: Völger, Gisela/von Welck, Karin (Hg.): Männerbande, Männerbünde. Zur Rolle des Mannes im Kulturvergleich, Band2, Köln, 1990. S. 381-383

Tiger, Lionel: Sex-Specifix Friendship, in: Leyton, Elliott (Hg.): The Compact. Selected Dimensions of Friendship, Newfoundland, 1974. S. 42-48

Zeitfracht Medien GmbH
Ferdinand-Jühlke-Straße 7,
99095 - DE, Erfurt
produktsicherheit@zeitfracht.de